LA CORPORACIÓN

GUSTAVO SORIANI

LA CORPORACIÓN

El escándalo IBM-Banco Nación contado desde adentro

PLANETA

Diseño de cubierta: María Laura Donati
Diseño de interior: Alejandro Ulloa

ISBN 950-742-755-4

Hecho el depósito que prevé la ley 11.723
Impreso en la Argentina

13 DE SEPTIEMBRE DE 1995

El 13 de septiembre de 1995 no debe de haber tenido ningún significado particular para millones de habitantes de este mundo. Tampoco parecía que fuera a traer nada especial para mí, salvo el hecho de ser una jornada más en el período de enorme tensión que generó en mi vida y en la de La Corporación la trascendencia pública que habían tomado las denuncias de la DGI contra CCR SA, proveedora de IBM Argentina en el Proyecto Centenario.

A las 15:00, mientras terminaba una reunión de rutina con Héctor Amato, el gerente de análisis de mercado de IBM para las empresas pequeñas y medianas, vi asomarse a mi oficina la cara preocupada de Peter Rowley, Vicepresidente de Marketing y Operaciones de IBM Latinoamérica. Rowley, un tipo delgado y pelirrojo, australiano por nacimiento pero inglés hasta los tuétanos por su formación, no estaba solo: detrás de él distinguí la figura menuda y gris de David Cartenuto, Gerente del Departamento Legal de IBM Latinoamérica y jefe del equipo revisor que la Casa Matriz había enviado a Buenos Aires a mediados de julio. Cuando Amato se fue, Peter entró, le indicó a Cartenuto que lo siguiera y cerró la puerta.

—Gustavo —me dijo en su australiano característico de Cocodrilo Dundee—, hubiera querido que este día no llegara nunca. Tengo que decirte que La Corporación ha decidido que a partir de hoy dejes la compañía. No podés llevarte nada de la oficina, ni el auto que tenías asignado por la empresa. Afuera hay un coche con chofer a tu disposición para trasladarte a donde vos quieras y te voy a pedir que te vayas lo antes posible. Vas a recibir un telegrama de despido en tu casa. IBM te pagará la indemnización que marca la ley y es probable que en estos días nos comuniquemos con vos para que firmes algunos papeles relativos a tu desvinculación.

El hombre encargado de pronunciar estas breves pero brutales palabras que ponían fin a mi carrera era, paradójicamente, el mismo que un año atrás me había tentado para que iniciara un camino internacional en La Corporación asumiendo la presidencia y gerencia general del Grupo Andino, que monitoreaba las sedes de IBM en Chile, Venezuela, Ecuador, Perú, Colombia y Bolivia. Ni más ni menos que el cargo que dejaba vacante el actual gerente general de IBM Argentina, Wilmer Gueiçamburu, forzado a retirarse por haber llegado al límite de edad previsto por IBM para desempeñar cargos de línea.

Todos los que, de una u otra manera, habíamos estado relacionados con el manejo del Megaproyecto del Banco Nación, el negocio más importante en la historia de IBM Latinoamérica, sabíamos que La Corporación podía ofrecer nuestras cabezas para evitar que el escándalo involucrara a los niveles superiores. Pero mis veintiséis años de trabajo en la compañía, la acumulación de premios y distinciones, las permanentes referencias de sus ejecutivos regionales a mis posibilidades ilimitadas de progreso y, sobre todo, el elogio superlativo con que Louis Gerstner, número 1 de IBM, bendijo nuestra gestión señalando a IBM Argentina como el modelo con que había soñado, no me permitían siquiera imaginar que la desvinculación pudiera plantearse de esa manera brutal.

A pesar de la crudeza de las palabras de Peter, de la dificultad de sentir como real lo que estaba viviendo, atiné a preguntarle si podía conocer los motivos de la decisión.

—Es una decisión de La Corporación —me contestó inexpresivamente—. Está dentro de las atribuciones que le otorga la ley. Esto no significa que se te haga responsable de nada en particular. La compañía va a publicar un comunicado de prensa explicando que no estás acusado ni sospechado de ningún delito.

Traté de hacerle entender que ese comunicado iba a ser interpretado exactamente al revés, que sería leído como un claro mensaje de que IBM había detectado irregularidades y yo era el responsable, lo que ni era cierto ni tenía elementos de sustentación. También le dejé claro que la decisión de contratar el SBL a CCR no había sido exclusivamente mía, y que incluso había sido revisada por el especialista enviado por él a aprobar la oferta, quien dio su OK para la presentación. Crispado, pero dispuesto a no dejar traslucir la menor fisura en la posición que le habían ordenado transmitirme, Rowley repitió:

—El comunicado no es la única medida que vamos a tomar. Te aseguro que no haremos nada que permita inferir que tu despido tiene que ver con la comprobación de un delito. Ahora, si la gente quiere pensar otra cosa, no podemos impedirlo.

Como si con la noticia de mi separación no hubiera sido suficiente, Peter siguió enumerando el resto de las medidas que La Corporación, a esa altura convertida en una entidad suprema, consideraba necesario aplicarme: la primera, dejar sin efecto todos los beneficios y premios recibidos por mi desempeño, es decir, la cancelación retroactiva de los montos depositados en mi cuenta en una compañía de retiro; la segunda, revocar mis derechos a la opción de compra de acciones de IBM a un precio muy inferior al cotizado en la bolsa de Nueva York en ese momento. Este premio era probablemente el más preciado que La Corporación reserva para sus ejecutivos en todo el mundo y me había sido otorgado a partir de 1986. Representaba, en esa fecha, alrededor de 1.500.000 dólares de ejecución inmediata y otros 2.000.000 que, transcurrido un cierto tiempo, debían pasar también a mis manos. En su única intervención, Cartenuto apeló a sus conocimientos del derecho para decir: "Esta decisión se basa en el reglamento interno de La Corporación, que le otorga el poder unilateral de cancelar los premios y beneficios otorgados en cualquier momento".

Lo único que alcancé a argumentar fue que IBM me convertía en el pato de la boda, me colocaba en situación de incurrir en gastos extraordinarios para explicar ante la Justicia la corrección de negocios cuyos beneficios habían ido a parar a las arcas de la empresa mientras que, al mismo tiempo, me privaba del soporte legal y de los premios a los que me había hecho acreedor por mi actuación y que en ese momento me permitirían hacer frente a los gastos de una eventual defensa. No hubo caso. La Corporación, el ente todopoderoso e inmaterial que nos habían enseñado a respetar y admirar como una fuente de decisiones inteligentes, había fallado con mucha mayor celeridad que la justicia terrenal: yo era culpable de los mayores horrores y merecía la hoguera.

Con estudiada indiferencia, Cartenuto y Rowley se levantaron, me aconsejaron buscar un abogado y con un "*good luck,* Gustavo", salieron de mi oficina. Yo permanecí sentado todavía unos minutos, preparando mentalmente la partida del lugar que era, o había sido hasta esa tarde de septiembre, una parte fundamental de los veintiséis años más ricos y productivos de mi vida personal y profesional. Después recogí las fotos de María Laura, mi mujer, y de mis seis hijos, las guardé en el portafolios y con el sobretodo en el brazo caminé hacia el hall. Al pasar, saludé a mi secretaria pero no fui capaz de explicarle por qué me retiraba a un horario tan inusual. Mecánicamente llamé al ascensor. Cuando la puerta se abrió, salieron Rowley y Robelí Libero, Presidente de IBM Latinoamérica, que se dirigían a la oficina de Ricardo Martorana, presidente de IBM Argentina. No me miraron. Seguramente estaban en la implementación de la fase 3 de la decisión de La Corporación. Meses más tarde, leyendo en el expediente de la causa la declaración de Martorana frente al juez federal Adolfo Bagnasco, me enteré de que esta fase había estado acompañada de mucha más sensibilidad y consideración. "Tenés 5 minutos para presentar tu renuncia o de lo contrario te despedimos", le comunicaron. Un verdadero gesto de reconocimiento a la carrera descollante que había llevado a Martorana al cargo más alto de la organización argentina y que lo perfilaba como el ejecutivo latinoamericano de mayor futuro de su generación.

Creo que el trayecto de esos 20 pisos me ayudó a desencadenar, por primera vez, un sentimiento de rebelión hacia La Corporación, ese poder omnímodo que había influenciado, consciente o inconscientemente, una gran parte de mi vida. No volvería a cruzar como empleado de la compañía la puerta principal del edificio de Catalinas; empezaba una vida nueva en la que no tendría el soporte que significa una organización gigantesca y donde, además, todo aquello que me había hecho sentir seguro, exitoso y protegido se volvía contra mí, destinándome a ser la ofrenda a los dioses, el chivo expiatorio que lavaba a IBM de las culpas y del pasado. En pocos minutos, muchos menos de los que hacen falta para asimilar el impacto, había dejado de ser el niño mimado para ser transformado en hereje, condenado a asumir el proceso de purificación de la inmaculada e inalterable *Big Blue*.

Al salir a la calle me sacudió un remolino de viento. El escenario era el mismo pero junto a la vereda estaba estacionado el auto que La Corporación había asignado para trasladarme a mi casa. Como un signo premonitorio de ese proceso acelerado de toma de conciencia a que me vi obligado, tomé la primera decisión absolutamente independiente desde mi ingreso a IBM, y pasando de largo el auto, tuve la fortaleza de tomar un taxi.

Comienzan las denuncias

Unos meses antes, Javier Orcoyen había entrado en mi oficina para avisarme: "Cabezón: la DGI está en la gerencia de Impuestos investigando una orden de compra de CCR". CCR era la empresa que había provisto de un *software* alternativo de emergencia al Proyecto Centenario, el negocio de 250 millones, el más importante de IBM Argentina hasta ese momento, por el que se informatizaría al Banco Nación. Ni él ni yo intuimos que estaba sonando la primera señal de alarma de lo que sería llamado "el escándalo IBM-Banco Nación". En esos días nuestra atención estaba concentrada en el Golden Circle. Si el Club del 100%, la convención anual de quienes cumplían los objetivos de ventas, era una meta ambicionada por cualquier ibemeísta, al Golden Circle accedía sólo una privilegiada minoría de cada país, la que por sus *performances* excepcionales era premiada con un viaje de placer con su pareja. Ese año, la convención anual tenía como sede a Miami y hacia allí viajarían, la noche previa a la clausura, las parejas de quienes, además, habíamos calificado para el Golden y podíamos elegir entre cuatro destinos: Roma, Hawai, Interlaken o Nueva Zelanda. Por supuesto, Martorana, Orcoyen y yo, y los artífices de los megacontratos firmados con el Banco Nación y la DGI, habíamos sido invitados a los dos acontecimientos.

La visita de los "intocables" de José María Peña era el coletazo de un incidente anterior ocurrido entre IBM y la empresa Kenia. La DGI estudiaba la hipótesis de que IBM hubiera imputado incorrectamente sus créditos fiscales. No pasaba de una cuestión administrativa y le pedí a Orcoyen que los hiciera atender por Héctor Neira, gerente a cargo de la atención del Banco Nación, quien conocía en detalle la transacción. Pero Neira había planeado anticipar su arribo a Miami para hacer playa en el Hotel Fontainebleau, sede de la Convención, y estaba en su casa esperando, en el mejor de los mundos, el remise que lo llevaría a Ezeiza. Le indicamos que cambiara el pasaje para el día siguiente, olvidara la playa y volviera a la oficina para explicarle al señor Bo y a la señora Romero, de la DGI, por qué habíamos comprado a CCR el *software* de emergencia alternativo SBL (Sistema Bancario on Line).

Esa misma noche viajamos juntos a Miami. Ya en el avión de United Airlines, Héctor me contó detalladamente la entrevista y me transmitió su sensación de que la charla había satisfecho a los inspectores. Neira expuso las razones técnicas y de negocio y nunca dijo que la toma de la decisión de compra del SBL hubiera sido exclusivamente mía y que, por lo tanto, debía ser yo quien diera la cara ante la DGI. Esto sería ratificado luego por Bo y Romero ante el juez Bagnasco —en cuyo juzgado se radicaría la causa— y consta en el acta labrada después de la reunión.

El 6 de marzo llegó María Laura, mi mujer, a Miami. El 7 salimos junto a un grupo de parejas ibemeístas de distintos países de Latinoamérica para pasar cuatro días de ski en Interlaken. Yo había esquiado por primera vez en Portillo dos años antes, y ésta era una oportunidad única para disfrutar de ese deporte en un lugar maravilloso. La Corporación había contratado para nosotros el hotel Victoria Jungfrau, uno de los mejores de Europa. Por suerte para las dos parejas argentinas que elegimos Interlaken, no había en ese momento costo en el mundo que pudiera asustar a quien era capaz de sobrevivir en Buenos Aires, y mirábamos divertidos cómo los compañeros de otros países desfilaban hacia sus habitaciones con las bolsitas de Mac Donald's porque el restaurante del hotel les resultaba inaccesible.

La inspección de la DGI era una cuestión superada y nada me hacía imaginar la polvareda que se estaba levantando en Buenos Aires. Sin embargo, el 9 de marzo me llamó Orcoyen. Me contó que lo había llamado el director general de la DGI, Ricardo Cossio, a quien él nunca había tratado personalmente y con el que no tenía la menor confianza, para decirle que acababa de llegar de un viaje y se había encontrado con un caso muy grave de IBM con CCR, que esto se sumaba a lo de Kenia y que en su opinión era muy difícil admitir que no hubiera algo raro cuando, en tan poco tiempo, se involucraba a IBM en dos casos de evasión. Orcoyen le prometió reunir información e ir a verlo para explicar la versión IBM de los hechos.

Javier agregó que se había comunicado con Ricardo Martorana en Estados Unidos y que éste le había recomendado contactarse conmigo puesto que, según su versión, era "Soriani el que conocía bien los detalles". La operación "yo no sé nada" se estaba poniendo en marcha. De todas formas, le di a Orcoyen mi visión de la contratación y le transmití mi seguridad de que todo había sido procesado de manera transparente, por los canales normales, y esto constaba en las autorizaciones. Mi consejo final fue que Salamanca, en su calidad de Jefe del Sector Banca y Entidades Financieras, y Neira prepararan todos los antecedentes y la documentación y con eso fueran a ver a Cossio. También le pedí que me volvieran a llamar si necesitaban algo; mi secretaria tenía la dirección de los hoteles en que íbamos a estar los siguientes quince días.

Fue lo último que supe hasta el 22 de marzo, cuando regresé a Buenos Aires. La DGI había descubierto que luego de ingresar nuestros pagos a cuenta de sus servicios, CCR había librado cheques por importantes sumas a nombre de personas ya fallecidas o que, en verdad, jamás habían tenido relación comercial con ella. De vuelta en mi oficina fui con Martorana a explicarle prolijamente a Cossio las causas de la contratación del SBL y traté de aclararle los puntos en los que él cifraba sus sospechas.

En primer lugar, le señalé que en el ambiente informático todos visualizaban a CCR y CONSAD como parte de un mismo grupo empresario. CONSAD, una consultora especializada y con años de actividad en el mercado, era propiedad de Juan Carlos Cattaneo, a quien el mismo Cossio conocía muy bien, un hombre ampliamente respetado en el ambiente empresario, que había cumplido diversas funciones en el menemismo y ocupaba un cargo en el PJ. La estrecha relación que Cattaneo mantenía con Alberto Kohan lo llevaría a ser su segundo cuando, al tiempo de este encuentro con Cossio, Kohan fue designado sucesor de Eduardo Bauzá en la Secretaría General de la Presidencia. Era un secreto a voces que el propietario de CCR era Alejandro de Lellis, cuñado de Cattaneo. Suponer entonces que para esta operación del Proyecto Centenario CONSAD había cedido a CCR los derechos del *software* SBL con el propósito de desvincular a Cattaneo de una evasión impositiva, era una maniobra demasiado burda.

Le expliqué, asimismo, que si ambas eran firmas legalmente constituidas y reunían los requisitos que La Corporación solicitaba a sus proveedores, IBM no tenía por qué preguntarse por los motivos que las llevaban a dividir la facturación. Por otra parte, me parecía que no podía responsabilizarse a la compañía por el tipo de facturas que contabilizaban sus proveedores ni por los destinatarios de sus cheques.

En esa época, las reuniones de Martorana y mías con Cossio eran más que frecuentes. Además de haber puesto en marcha el sistema de recaudación previsional que recién empezaba a estabilizarse, IBM estaba discutiendo con él la posibilidad de extender esa tecnología al control del sistema tributario. El grado de compromiso de Cossio en este tema era enorme y pasaba largas horas con su equipo tratando de entender al detalle la índole de los problemas y sus alternativas de solución. Además, Cossio tenía una debilidad por los temas de sistemas desde la época en que había ocupado un alto cargo en BAIRESCO, la empresa de servicios informáticos del grupo Mayer.

Cossio era famoso por el nivel de exigencia que imponía a sus subordinados y sus proveedores. Su impaciencia y su carácter explosivo y vehemente requerían que el encargado de llevar adelante las negociaciones estuviera armado de paciencia y mucho oficio. La DGI era un caso típico para que nuestro departamento de Gobierno y Servicios Públicos implementara sus tradicionales prácticas de involucración personal complementadas por Martorana y por mí en el contacto ejecutivo.

Las reuniones se convertían en discusiones intensas pero francas y amables, de mutuo respeto personal y profesional. Cossio y Martorana habían desarrollado una relación muy buena y se reservaban la última instancia cuando los temas no encontraban un acuerdo en los niveles inferiores. En algunas de aquellas reuniones y después de que nos relatara con pormenores de qué modo la DGI había puesto al descubierto las maniobras de CCR con los cheques, le planteamos nuestro dilema: estábamos al tanto de su decisión de eliminar de la lista de proveedores de la DGI a quien incurriera en evasión impositiva. Su máxima, en ese punto, era simple y gráfica: "El que caga a la DGI no le vende más a la DGI". Ahora bien, IBM tenía como proveedor a CONSAD y Cossio estaba convencido de que CONSAD y CCR eran la misma cosa. Queríamos saber si para trabajar con la DGI debíamos eliminar a CONSAD como subcontratista.

La respuesta de Cossio fue contundente: lo más importante para la DGI y para su gestión era el éxito del proyecto previsional. De eso dependía en buena medida el futuro del plan económico y no estaba dispuesto a hacer nada que implicara un riesgo. También nos dijo que fuéramos pensando en el reemplazo paulatino de CONSAD de modo que en el plazo de un año ya no tuviéramos ninguna dependencia de la empresa de Cattaneo. En un encuentro posterior, Cossio me comentó que había puesto la cuestión en conocimiento del ministro Domingo Cavallo y del secretario de Ingresos Públicos, Carlos Tacchi. Ambos compartían el enfoque: no se debía hacer nada que pusiera en peligro el proceso de recaudación previsional.

En realidad, la DGI tampoco había tomado ninguna medida con CONSAD, con la que había suscripto varios contratos de servicios, sin intervención de IBM. Todo eso me convenció de que la desvinculación de CONSAD no era un asunto urgente y su infracción, de la que por supuesto Cossio tenía mucha más información que nosotros, no podía tener más gravedad que la de cientos de evasores que estaban acogiéndose a la moratoria.

Más tarde Cossio confirmaría ante el juez Bagnasco que mi impresión de ese momento no era descabellada. En su declaración recordó que había preguntado "a Martorana y a Soriani quiénes iban a ser los proveedores alternativos a CONSAD, ya que existía a la fecha una fuerte dependencia tecnológica" de esa consultora. La dependencia que la DGI tenía con CONSAD fue, precisamente, lo que nos hizo incluir a la empresa de Cattaneo en la propuesta del servicio de recaudación previsional: CONSAD tenía un conocimiento profundo de sus sistemas de recaudación y control.

Cuando Martorana le hizo un planteo similar al director del Banco Nación, Aldo Dadone, con repecto a CCR y el Proyecto Centenario, éste respondió que la relación con los contratistas era un problema de IBM. El Banco sólo pretendía que el integrador cumpliera con lo establecido en el contrato. Sin embargo, dada la importancia que el Ministerio de Economía daba al cumplimiento de las obligaciones impositivas y previsionales, enviamos a todos los contratistas que intervenían en el Proyecto Centenario una nota en la que advertíamos que tanto el Banco como IBM se reservaban el derecho de controlar su efectivo cumplimiento.

En IBM, entre tanto, se seguía trabajando en la reconstrucción documental de la contratación de CCR y su *software* SBL. En ninguno de esos documentos y tampoco en lo presentado por testigos o imputados en la causa consta que, antes del 14 de septiembre de 1995, nadie haya planteado la comisión de irregularidades. La única objeción documentada es un informe preliminar de la auditoría interna de IBM Argentina, fechado en agosto de ese año. Allí, el auditor sostiene que no encontró soporte documentado suficiente sobre las razones por las que se contrató el *soft* SBL. Ese informe, curiosamente, no fue presentado ante el juez por IBM sino por el auditor Oscar Girón, quien hace mención de que la propuesta de IBM para informatizar al BNA fue supervisada y aprobada por Steve Lew previo a su presentación en el Banco. Lew era en esa época el gerente a cargo de Integración de Sistemas en IBM Latinoamérica y quien vino a revisar nuestra oferta y la aprobó.

Un día, en el transcurso de una reunión de trabajo, Cossio me puso al tanto de que había recibido de sus abogados un borrador de denuncia penal que, además de a CCR y CONSAD, involucraba a IBM como partícipe necesaria en la maniobra de evasión fiscal realizada por CCR con la falsificación de las facturas. Fue una larga charla y en ella sostuve que una empresa no podía ser responsable de lo que sus proveedores hicieran con las facturas. De ser así, le dije, él debía acusar como partícipes necesarias a todas las empresas clientes de los correos privados o servicios médicos prepagos, donde también se habían descubierto facturaciones irregulares. A la semana siguiente me comunicó que había decido excluir a IBM de la denuncia porque, luego de reflexionarlo, había llegado a la conclusión de que la compañía estaba al margen de la maniobra.

El panorama parecía volver a la normalidad. En nuestros almuerzos diarios en la barra del Florida Garden —los dos comíamos siempre una ensalada—, Martorana y yo pudimos desconectarnos del trabajo y hablar de otros temas. Pero esa sensación duró poco. En junio, los diarios informaron que a raíz de una denuncia anónima, el juez federal de San Isidro, Roberto Marquevich, había comenzado a investigar un posible delito cometido contra el Banco Nación, en el marco del Proyecto Centenario. Se relacionaba con la denuncia presentada por la DGI contra CCR. Esa fue la primera noticia que tuvo IBM acerca de un posible delito vinculado al Proyecto.

Carlos Guaia, Gerente del Departamento Legal, con la aprobación de Martorana, le ofreció el caso a Licinio Scelzi, quien ya había actuado como abogado externo de IBM a raíz de un tema aduanero. Una de las primeras constataciones de Scelzi fue que la causa estaba en la justicia federal desde 1994 sin que La Corporación hubiera sido advertida ni notificada. IBM decidió comenzar un trabajo en dos frentes: por un lado, el Comité Ejecutivo me designó para hacer una presentación espontánea y explicar ante Bagnasco la posición de la compañía y su manejo de la relación con CONSAD y CCR; por otro, se planificó una estrategia de comunicación con periodistas y los principales dirigentes políticos y empresarios para aclarar el rol de IBM en los ilícitos denunciados por la DGI. Esta tarea, si bien apoyada en los documentos elaborados por los *staff* internos, fue planificada y ejecutada —en función de la importancia del tema y la relación que mantenía con muchos de ellos— por Ricardo Martorana.

Para mi presentación ante Bagnasco, Scelzi me recomendó hacer un minucioso *racconto* de mi carrera, desde mi ingreso a la compañía hasta la designación en el Directorio, con la idea de dejar en claro que tenía suficiente calificación profesional para avalar y responder por la racionalidad de las decisiones tomadas en un proyecto de esa magnitud.

La repercusión periodística había adquirido un nivel inesperado luego de que, en su programa de televisión, Daniel Hadad explicara los pormenores del proyecto y los aspectos sobre los que crecía la sospecha. Para responder a estas versiones se confeccionó un documento de catorce páginas que contenía la opinión de IBM sobre la cuestión. En su armado había trabajado el Gerente de Prensa de IBM, Mariano Botas; colaboramos además, Roberto Nul, Vicepresidente de Servicios Gerenciales, Orcoyen, Martorana y yo. Una vez redondeado, el texto fue revisado por Guaia y por Scelzi.

Con la firma de Martorana, el documento fue enviado a unos doscientos cincuenta líderes de opinión y a todos los medios. Martorana, personalmente, se ocupó de entregarlo a Juan Alemann, Rodolfo Terragno, Jesús Rodríguez, Daniel Hadad, Enrique Szewach, Julio Ramos, Mariano Grondona y Bernardo Neustadt. En todas estas entrevistas Martorana defendió las razones que habían llevado a la contratación del SBL y CCR. Los mismos argumentos desplegó ante Cavallo, cuando a mediados de 1995 el ministro, ante el cariz que estaba tomando el tema, lo convocó a su despacho.

Dadas las proporciones que estaba adquiriendo la denuncia, Martorana, Orcoyen, Guaia, Nul y yo estábamos en permanente reunión para determinar los pasos a seguir. Decidimos publicar una solicitada breve y concisa pero que explicara con firmeza la postura de IBM en relación a CCR. Además, reportamos el problema a Robelí Libero, presidente de la IBM Latinoamericana, con toda la formalidad; el traslado del conflicto del fuero penal tributario al federal era señal de que la Casa Matriz podía verse envuelta en los sucesos. Por otra parte, Scelzi opinaba que la intervención de las oficinas centrales tendría una influencia decisiva en el juzgado. IBM, dijo, tenía una gran imagen como organización internacional y la sensación que había recogido en Tribunales le indicaba que los magistrados se inclinaban a responsabilizar de los hechos a la estructura local.

Unos días más tarde hicimos una teleconferencia en la que participamos Martorana, Orcoyen, Guaia y yo del lado argentino y Robelí con sus vicepresidentes y Cartenuto, del lado de Nueva York. Yo expliqué las razones que nos llevaron a contratar el *software* de emergencia SBL y por qué habíamos cerrado la operación con CCR y no con CONSAD. Ellos formularon todas las preguntas e insistieron, sobre todo, en el desdoblamiento de CCR y CONSAD. Nunca cuestionaron la necesidad de comprar el SBL. Finalmente, Martorana les dijo que estábamos haciendo una revisión de lo actuado con la conducción de Oscar Girón, Gerente de Auditoría Interna de la compañía, pero consideraba que era mejor reforzar el equipo revisor con algunos técnicos de IBM Latinoamérica. En concreto, lo que buscábamos era que vinieran lo antes posible Cartenuto, como experto en temas legales, Steve Lew, por haber trabajado en la Argentina en la elaboración y aprobación de la propuesta, y algún especialista en control de negocios, que terminó siendo Ken Foley.

Así se gestó la visita que los medios mostraron como una intervención de la Casa Matriz en IBM Argentina. El funcionamiento de bloque que habíamos mantenido hasta allí, procurando reducir el impacto que las denuncias podían tener sobre la empresa, se fracturó con el arribo del *team* del *Head Quarter*. Por mi parte, empecé a advertir que la relación monolítica anudada con La Corporación durante veintiséis años, que yo siempre consideré eterna e indestructible, también se estaba resquebrajando.

EMPLEADO Nº 89016

YO, ES OBVIO, NO ERA EL MISMO que a mediados de 1969 leyó el aviso de *La Nación* donde, sin mencionar la empresa, se pedían ingenieros recién recibidos o alumnos del último año de la Universidad. Todavía recuerdo la mañana en que atendí la llamada del empleado de personal diciéndome que una de las veinticinco vacantes era mía y que debía pasar por las oficinas centrales a arreglar los papeles. IBM Corporation era el líder mundial, medido en volumen de facturación, en la industria informática. Yo estaba muy contento y lleno de expectativas cuando el 4 de agosto me presenté en la escuela de la compañía para empezar lo que se dio en llamar el Curso IV. A partir de ese momento La Corporación me identificaría con el 89016, el número de empleado que me distinguió hasta el día que me despidieron.

Los orígenes de la *Big Blue* se remontan a 1911, cuando se constituyó en una compañía llamada Computing-Tabulating Recording Company (CTR Inc.) como resultado de la consolidación de tres empresas menores que se dedicaban a actividades tan distintas como la fabricación de máquinas de cortar fiambres, balanzas comerciales, relojes de marcar para oficinas y máquinas de contabilidad. CTR toma el nombre de International Business Machines Corporation (IBM) en 1924, cuando Tom Watson Sr. decide que su visión de la evolución del negocio de procesamiento de datos requiere necesariamente de un mercado mundial, que excede las fronteras de cualquier país. De esa época proviene el lema que durante muchos años adornó todos los edificios de la empresa: "Paz mundial mediante el comercio mundial". Siguiendo lo que él mismo bautizó como los principios básicos de la nueva compañía, Watson reunió una fuerza de ventas muy motivada, a la que se ocupó de brindar un altísimo nivel de entrenamiento, y muy bien paga. El mismo dedicaba mucho de su tiempo a dar personalmente charlas motivacionales, y a imponer normas estrictas de apariencia personal, así como un código de ética en el manejo de los negocios que no eran comunes en esa época. *Think* (piense) se volvió un signo de identificación empresaria tan conocido como el logo de las barras celestes diseñado por Paul Rand, y sus inclinaciones místicas y conceptos de la organización se denotaban en la costumbre impuesta en todas las sedes de IBM de comenzar la jornada con el Himno de la empresa, denominado *Ever Onward (Siempre Adelante).* Este rito se mantuvo en todo el mundo hasta avanzada la década de los 60, y en las IBM de Oriente (Japón, Corea, Singapur) hasta hace poco tiempo. En 1951 Watson decide apostar al mundo de las computadoras, idea que había sido rechazada por algunos de sus competidores. Sobre la base de invertir en investigación, la capacidad de la organización de ventas y su visión en cuanto a los nichos de producto que convenía desarrollar, colocó a IBM muy rápidamente en una posición predominante en la industria informática. Pero fue Tom Jr. el encargado de llevar a IBM a los niveles de éxito por los que se la conoce actualmente.

Las clases y los almuerzos diarios en el comedor que IBM tenía en el Pasaje Carabelas fueron los que anudaron mi amistad con Gabriel Murman, que tendría también una participación protagónica en el desarrollo del Proyecto Centenario. Junto con Ricardo Altimira, con quien yo había compartido clases en la facultad, Murman y yo compartíamos el escritorio durante nuestro entrenamiento en la escuela de IBM y también muchas horas de diversión nocturna en esos años de soltería. A los treinta días de nuestro ingreso, la instrucción de los del Curso V comenzó en el aula contigua. Entre ellos estaba Javier Orcoyen, otro personaje principal en esta historia que estoy tratando de reconstruir. El entrenamiento preveía que, además, había que foguear a los candidatos asignándolos a distintos departamentos. A Murman, a Altimira y a mí nos correspondió la Sucursal Finanzas, donde se atendía a clientes y perspectivas en bancos, financieras y compañías de seguros. De acuerdo a la más pura tradición de La Corporación, cada camada de *trainees* era esperada ansiosamente... para poder descargar en ella los trabajos que nadie quería hacer.

La llegada de Víctor Savanti a la presidencia de IBM Argentina en 1974 nos marcaría profundamente a mí y a la estructura local. A mí me dio las mejores oportunidades; a la empresa la guió con inteligencia durante la profunda crisis que iba a afectarla a nivel internacional. En ese período aprendí a desarrollar un profundo respeto por esta organización de dimensión y envergadura inconmensurable, que me abría un mundo nuevo. Fui testigo privilegiado de su marcha en la década del 70, con la desgraciada secuencia del final de un golpe militar, la llegada de un gobierno democrático y los años más crudos del Proceso de Reorganización Nacional. Sin embargo, como suele ocurrir, las cosas malas tienen, a veces, un costado bueno y las continuas crisis económicas del país obligaron a la compañía a mantener un perfil austero mientras en el resto de las IBM, más relajadas, se tiraba manteca al techo. Esas mismas dificultades habían hecho que muchas de sus competidoras se retiraran del mercado argentino o restringieran sus operaciones a mínimos incompatibles con las necesidades de los clientes. Apareció con esto un factor adicional de diferenciación competitiva: podía afirmarse que "IBM siempre está".

También descubrí que aquella IBM no era un monasterio. En ese tiempo me revelaron, por ejemplo, que para asegurarse de que una demostración saliera siempre bien se debían grabar los resultados correctos previamente, haciéndolos aparecer en el momento justo, como si fuera parte del proceso de cálculo. O las enseñanzas de mi primer gerente de comercialización, reconocido en IBM y en el mercado informático por su extraordinaria capacidad para vender horas de uso de computadoras a bancos medianos y pequeños que aún no podían darse el lujo de un centro de cómputos propio. Quizá sus numerosos admiradores lo hubieran idealizado más, de haber conocido su técnica para alcanzar los valores de facturación exigidos por la compañía: con su espíritu hiperactivo, el “petiso” se presentaba por las noches en el Centro de Instalaciones de IBM, en el 7º piso de Florida y Corrientes, donde los bancos procesaban los movimientos del día y producía, en el momento oportuno, una cancelación en el programa. El “accidente” obligaba a reprocesar la información, con el lógico aumento del tiempo de uso de las computadoras. Esas “vivezas” mostraban que cualquier organización se construye con las virtudes y las miserias de la sociedad en la que está asentada. Es probable que la proporción en que ambas se manifiestan distinga a las organizaciones exitosas de las otras, pero es absurdo sostener que se está absolutamente libre de cualquiera de ellas.

Terminado el período de entrenamiento y desarrollo profesional, los integrantes del Curso IV fuimos diplomados como ingenieros de sistemas. A principios de 1971, apenas terminado el entrenamiento, tuve una reunión con Nadal Antonioni, gerente de distrito Gobierno y Finanzas, ejemplo de ejecutivo de gran capacidad, con un profundo sentido de la realidad y una increíble capacidad para discriminar lo objetivo de las fantasías a las que son tan proclives las estructuras burocráticas y monolíticas de las corporaciones multinacionales. Antonioni me llamó, según me dijo, para escuchar mi balance de esos primeros meses de trabajo. Yo intenté ser preciso y objetivo, me sentí a gusto frente a la súbita confianza que significaba el valor que alguien de su jerarquía le daba a mi opinión. “El crecimiento vertiginoso de la compañía crea necesidades”, agregó al cabo de un rato, “y, dadas tus características personales y profesionales, quiero ofrecerte un puesto como Representante de Ventas en la Sucursal Finanzas". Yo estaba encantado. Se trataba, sobre todo, de atender un territorio de bancos pequeños y medianos, en equipo con Ricardo Altimira. De ese modo, dos estudiantes que hasta hacía quince meses ignorábamos por completo los conceptos básicos de la informática, nos hicimos cargo de la atención total de una cartera de clientes que incluía a los bancos Río, Rural, Ganadero y Tornquist.

Mi primer año como Representante de Ventas fue también el primero de objetivos cumplidos y superados. Esa meta, además de incrementar mis ingresos en proporción directa con los negocios que había cerrado para la empresa, me permitió calificar también para el Club del 100%, evento que se realizaba siempre en algún lugar de América y a la que eran invitados los empleados de IBM América Latina/Lejano Oriente que hubieran alcanzado su objetivo anual. Mi debut en el Club fue en 1972, en Miami.

En enero de ese año, sobre la base de un plan de reestructuraciones característico de IBM, fui asignado a la Sucursal que signaría mi desarrollo en la empresa: Gobierno y Servicios Públicos, el área en que se concentra la atención al gobierno nacional, a la municipalidad y a las empresas de servicios públicos. Ahí se cocinaban los proyectos y negocios más importantes de La Corporación y tenerla como destino era una distinción indudable. Por otra parte, la tradición indicaba que todos aquellos que ocupaban posiciones directivas en IBM, salvo muy contadas excepciones, tenían una carrera asociada a la atención del sector público. Para moverse en ese terreno no sólo era cuestión de saber manejar proyectos grandes y complejos;

igualmente importante era dominar el arte del Reglamento de Contrataciones del Estado (el célebre decreto 5720/72) y el intrincado mundo de las licitaciones públicas. Que no se piense que es sencillo ofrecer los productos más caros del mercado y, pese a eso, sobrevivir con éxito en una zona que tiene a la licitación como mecanismo habitual de compra.

El cambio tenía para mí un significado particular: Javier Orcoyen también había sido asignado allí y, simultánea con mi incorporación, se producía la llegada al grupo de Ricardo Martorana, que venía de la sucursal que IBM tenía en Rosario. Javier Orcoyen era el típico porteño de clase media alta católica que votaba a la Ucedé; a pesar de que era un tipo muy inteligente y callado, le gustaba hacer públicas sus normas morales y éticas y dar cuenta de su agudeza a través de ácidos comentarios. Ricardo Martorana era de la clase media de Rosario; esmirriado, extravertido y locuaz, no podía ocultar cierto resentimiento contra los porteños. Planificaba su vida obsesivamente y pasaba horas lucubrando estrategias que le permitieran alcanzar una posición descollante. Aunque tenía un trato especial conmigo y yo era quien más lo conocía, nunca se franqueaba totalmente. Era un tipo muy complejo. Mientras que Javier, alias "El Negro", era extremadamente tradicional en el vestir y prefería el pelo engominado, Ricardo cuidaba de su aspecto físico con particular esmero: no sólo había llegado a hacerse los zapatos en Peruggia y toda la ropa a medida, sino que llevaba el pelo levantado en un jopo muy trabajado. Era el ejemplo del atildamiento. Desde esa fecha y hasta el 13 de septiembre de 1995, se construiría entre nosotros una relación que estaba más allá de lo laboral, al punto que yo fui testigo del casamiento de Ricardo con Susana en 1989. Y él fue testigo del mío con María Laura en 1991.

El trabajo diario en el sector Gobierno me enseñó de qué modo vincularme a un cliente que, como el Estado, suele sufrir permanentes problemas presupuestarios y de estructura salarial. En esa situación, el funcionario sólo tiene mucho trabajo y pocos recursos, y por lo tanto no recibe ninguna atención de los proveedores que corren detrás de las oportunidades de negocio inmediato. Nuestra estrategia era distinta. IBM mantenía sus vendedores cerca del cliente en todo momento, dándole soporte, aprendiendo más sobre sus problemas y, lo que era más importante, anudando relaciones personales con todos los niveles de la organización. El acompañamiento generaba un trato de respeto técnico y personal hacia los profesionales de IBM, que luego se transformaba en la ventaja de conocer sus mecanismos administrativos, el sistema de autorizaciones y compras y la información necesaria para dimensionar con exactitud las soluciones. La inversión de tiempo y esfuerzo en el cliente se veía recompensada a la hora de la licitación. Siempre había una relativa seguridad de que las cláusulas no obstaculizaran la mejor oferta de IBM y, por el contrario, introdujeran requerimientos que dificultarían las soluciones técnicas de la competencia. Ciertos casos de extrema habilidad del empleado pasaban a formar parte del folklore de La Corporación, que los dejaba circular como ejemplo de hasta dónde se podía llegar cuando el compromiso con la empresa era lo bastante grande y el entusiasmo para cumplir el objetivo, ilimitado. Así se pintaba lo ocurrido a fines de los 60 con una licitación llamada por la DGI. La relación con el cliente había llegado a un punto tal que, además de colaborar intensamente en la redacción del pliego de condiciones técnicas, el vendedor de IBM había logrado tener una oficina en la repartición desde la que, haciéndose pasar por empleado de la DGI, respondía las consultas telefónicas que hacían los otros oferentes.

Claro está, no eran procedimientos exclusivos de IBM Argentina. En 1976, después del golpe militar, en el curso acelerado que IBM me mandó a hacer a Washington en previsión del período de crecimiento que siempre se producía con épocas de estabilidad, se enseñaba, precisamente, de qué modo crear esas situaciones. Durante dos semanas escuché a los especialistas del Preprocurement Management (manejo previo a la licitación) detallar las técnicas que permitían, mediante condiciones difícilmente calificables de delictivas (llámense simpatía, convicción, liderazgo o mimetización con el cliente), que, si la licitación resultaba inevitable, al menos los pliegos incluyeran aspectos que limitaran la capacidad de competir de los adversarios de IBM. Así como no conozco ningún empleado al que IBM le haya exigido actuaciones contrarias a su moral, también es cierto que en los negocios no existen reglas de ética comercial que obliguen al vendedor a colocarse en el lugar de su cliente para ver cuál es la oferta que más le conviene. Al revés, el gran mérito de un vendedor es convencerlo de que necesita ese algo que uno vende y que el cliente nunca pensó comprar. Estas prácticas eran comunes en el medio empresario e IBM, por su tamaño y su tradición de incorporar masivamente profesionales jóvenes de altísimo nivel, las había afinado hasta la perfección. Con ese empuje, IBM Argentina enfrentó la reestructuración del mercado informático internacional desde una posición ventajosa. Savanti y su equipo tuvieron una intervención fundamental. El crecimiento y la consolidación de la compañía se alcanzaron gracias a este hombre pragmático, de enorme personalidad y capacidad de liderazgo. El mantuvo la potencia competitiva de la organización argentina cuando las IBM del mundo fueron arrasadas por una crisis descomunal.

Crisis en la Corporación

La crisis fue de larga duración y cuando comenzó, la International Business Machines, o IBM, ya se había expandido a las dimensiones que llevaron a algunos a incluirla entre los "pueblos y naciones del mundo": un territorio de 17 millones de metros cuadrados de fábricas distribuidos en veinticinco ciudades del planeta; cerca de 500.000 empleados en su momento de esplendor, una facturación consolidada de alrededor de 64.000 millones de dólares y 570 millones de acciones repartidas en el mercado. Tamaño poderío no impidió que, a mediados de los 80, todos sus indicadores de negocio se derrumbaran: la facturación descendió, y también la participación en el mercado, el crecimiento y la rentabilidad. El momento culminante se produjo en los años '92 y '93, cuando se vio obligada a reconocer en sus balances las pérdidas más importantes en la historia de la industria norteamericana. En 1992, sobre una facturación de 64.500 millones de dólares arrojó una pérdida de 9.000 millones, lo que significó 8,70 dólares de pérdida por acción. En 1993, con una industria informática floreciente, IBM bajó su facturación a 62.700 millones de dólares (-3%) pero sus pérdidas se mantuvieron en 8.800 millones de dólares, o sea 14,22 dólares por acción. En 1992, para afrontar gastos de reestructuración, mandó a pérdida una reserva de 11.700 millones de dólares, la mayor que se había registrado en la historia de la industria estadounidense. Sin embargo, en 1993 se debió tomar una pérdida adicional de 9.000 millones para afrontar más reducciones. Todos estos datos, que pueden parecer cifras que por su magnitud pierden significado para el ciudadano común, tuvieron sin embargo un impacto social grande, ya que las acciones de IBM eran un componente importante de todas las carteras de los fondos de retiro de los Estados Unidos. Desde valores de 180 dólares en el '85/'86, la acción cayó a un valor mínimo de 40 dólares en 1993. Millones de jubilados y pensionados vieron esfumarse sus ahorros, y el tema se volvió tapa de los medios de comunicación. Sobre esto se han escrito montañas de libros y probablemente sea poco lo que puede agregarse. Yo fui testigo de ese proceso de deterioro; la organización modelo de la bibliografía de *management* caía víctima de su propio éxito, de la ceguera de sus integrantes, refractarios a aceptar realidades que no se adecuaban a sus deseos o, peor aún, a sus intereses personales.

En esos años, ejecutivos de todos los niveles desfilaban llevando y trayendo carpetas con transparencias que detallaban las nuevas estrategias. Y si, a pesar de todo, los números seguían siendo hostiles, La Corporación tenía una explicación: el problema no radicaba en las excelentes ideas que brotaban de las burocracias de los *Head Quarters* sino en los inútiles que, desde los frentes de batalla, eran incapaces de hacerlas funcionar. Por entonces, sólo una pequeña parte de los planteles de la compañía estaba en contacto directo con el mercado. La mayoría se movía en los cómodos despachos donde la realidad podía ser distorsionada sin límites. Es que para quien, como IBM hasta los 80, se había acostumbrado a tener un negocio brillante, el desafío no estaba en el mercado; los beneficios eran la consecuencia inevitable de hacer negocios. Todo el sistema de incentivos se regía por la facturación y los costos eran apenas el telón de fondo sobre el que se debía actuar. Hasta 1990 nunca escuché hablar del análisis de rentabilidad de un proyecto. En la cultura de IBM sólo importaba vender y, si vendíamos lo máximo posible, a fin de año los resultados serían satisfactorios.

La filosofía del derroche se imponía e incluso eventos como el Club del 100% y el Golden Circle, unidos a la tradición de IBM, pasaron a ser el trampolín para que los organizadores rivalizaran entre sí con exhibiciones de lujo y extravagancia. La mística llegaba a tal extremo que recuerdo haber pasado horas discutiendo con gerentes de mi organización si una transacción debía o no ser tomada en cuenta para su logro anual. En todos los casos el argumento era el mismo: “No discuto por las comisiones. No me las pagues. Yo lo que quiero es ir al Club”. La frase ponía en evidencia los magníficos resultados que ciertos mecanismos de seducción y reconocimiento pueden producir en el personal de una empresa. Y en la cultura de IBM esos mecanismos habían sido desarrollados al máximo.

El Club fue la señal más clara de esa tendencia a la despreocupación absoluta por los costos. Como su organización quedaba a cargo del país que resultara sede pero los gastos eran pagados por las IBM de todos los países asistentes, los ejecutivos ponían en acción su capacidad creativa para dilapidar un presupuesto ilimitado que, está claro, no salía de sus bolsillos. Para los eventos siempre se elegían los hoteles más caros: el Acapulco Princess, el Fontainebleau, en Miami, el Camino Real, en México, o el Internacional, en Río de Janeiro. En las reuniones plenarias se hacía subir al escenario, frente a mil doscientos asistentes, a decenas de premiados que disfrutaban del aplauso y el reconocimiento de los compañeros. Esta ceremonia tenía su protocolo. Luego de ensayarlo docenas de veces, se esperaba de cada uno de los premiados que, al ser nombrado, saltara literalmente de su asiento y se dirigiera al escenario al trote, mientras era enfocado por los reflectores y la banda tocaba una marcha de sones triunfales. Una vez arriba del escenario, recibía su premio y debía alzarlo frente a sus compañeros, mientras la banda redoblaba sus compases. Recién entonces, el premiado descendía raudamente la escalera con el mismo trote con que había ascendido, el trote enérgico de los triunfadores.

Para un Golden Circle IBM organizó un crucero por el Caribe, a bordo del *Fantasy*, uno de los barcos de mayor lujo del circuito, y pagó varios cientos de miles de dólares a Julio Iglesias, quien ofreció un recital para los doscientos empleados y sus parejas. Después de constatar que se cumpliera con la provisión de cincuenta toallas celestes y cincuenta blancas que, por contrato, debían colocarle diariamente en su habitación, Iglesias subió al barco, cantó y rápidamente volvió a La Florida en su avión particular. No dejaba abandonados a los ibemeístas: Anthony Quinn había sido tentado con una bolsa importante para acompañarnos en todo el viaje y para ponerse de pie una mañana, después del desayuno, para contarnos durante una hora su vida y sus aventuras: vivo ejemplo de cómo un latino como él, con esfuerzo y talento, había salido de un pueblito mexicano para instalarse en la cima del universo hollywoodense. En 1992 IBM llevó a Sevilla al dominicano Oscar de la Renta para darnos otro ejemplo sobre la misma materia: "Muchachos: atención, que los latinoamericanos también pueden acceder al Primer Mundo".

Una anécdota me quedó grabada de esa época. Fue la reapertura de Buenos Aires como sede, luego de haber sido durante diez años ciudad prohibida a todo funcionario no argentino, a causa de la guerrilla. Fue a principios de los 80 y se presentaba el inconveniente de que en ningún hotel había un salón de fiestas con capacidad para una cena de más de mil doscientos comensales y un escenario para el show. No se podía invitar sólo a un grupo, ni hacerlo en fechas distintas. La política de la compañía no admitía diferencias entre los empleados. La solución fue imaginativa, aunque un poco costosa: se montaron dos banquetes idénticos, hasta en los arreglos florales de las mesas, uno en el Sheraton y otro en el Plaza Hotel. El problema era cómo conseguir que los mismos artistas actuaran en dos lugares al mismo tiempo, ya que iniciar el mismo show con una hora de diferencia podía ser tomado a mal por quienes terminaran más tarde y perdieran una hora de festejo libre en su último día de Buenos Aires. En las grandes empresas todos estos gestos significan. Finalmente se optó por realizar dos shows idénticos, simultáneos y con artistas de categoría similar. De tal modo que aquella noche, mientras en el el Sheraton cantaban Los Chalchaleros, en el Plaza lo hacían Los Fronterizos; en tanto en Retiro aplaudían a Jorge Sobral, en Recoleta se presentaba Raúl Lavié. Cada uno cantaba dos canciones y se iba. Un despliegue descomunal para un puñado de horas. Solamente la rentabilidad de aquel período podía soportar esta "semiología de la empresa".

Estas historias están para mí al margen del resentimiento o la decepción personal. Los que tuvimos la fortuna de participar de ellas sabemos de su valor motivador y del privilegio de acceder a un mundo que la mayoría habíamos visto únicamente en las revistas. Pero no es menos cierto que detrás de esos espectáculos placenteros se desarrolla otro: el del egoísmo, la irracionalidad y la ineptitud de quienes con esos mismos excesos contaminaron las decisiones cotidianas de la compañía y la pusieron al borde del abismo. Aquel delirio tenía, de todos modos, alguna raíz echada en la realidad y sólo es explicable por el contexto particular en el que a lo largo de esos años se hicieron los negocios.

Eran los años del monopolio tecnológico, cuando no se alcanzaba a fabricar suficiente volumen para cubrir la demanda y los clientes aceptaban demoras en las entregas de hasta veinticuatro meses porque no tenían alternativas.

El vendedor que conocí cuando empecé mi carrera en Ventas siempre me pareció un típico producto de la época: pausado, casi pachorriento, siempre con un chiste a flor de labios, afectuoso y hasta "franelero", amante de la buena vida; el hombre atendía SEGBA. Pasaba meses haciendo sociales con la gente de Sistemas y hacia octubre o noviembre se reunía con la consultora americana que asesoraba a la empresa eléctrica en cuestiones de organización. Tomaba nota de las recomendaciones que la consultora elevaría al directorio de SEGBA como actualización tecnológica y a partir de ahí se sentaba a escribir su propuesta. Después no había más que presentar el contrato y planear el viaje para el Club del 100%. En este esquema de mercado cautivo la voluntad o el deseo del cliente no importan porque igual tiene que comprar; el precio está fijado en el manual y no se negocia; ni la satisfacción del cliente ni las opiniones de los empleados están ligadas a los resultados, que son siempre buenos. En tales condiciones la organización se vuelve hacia adentro; lo que importa es la política interna; el árbitro es la opinión del jefe y la obligación es satisfacer sus deseos.

Quien haya tenido la oportunidad de sobrevivir en un mercado competitivo sabe que el panorama que describo es lo más cercano al paraíso. Es llamativo el sexto sentido que desarrolla la organización para detectar cuál es la propuesta que el jefe quiere que le mostremos. Tan profunda era esta cultura en los que formábamos IBM que un gerente latinoamericano me la sintetizó en una frase, pensamiento vivo de los ibemeístas de los días de gloria: "Tengo el mejor trabajo del mundo. Si no fuera por los empleados y por los clientes, sería perfecto". En ese catecismo, el segundo mandamiento decía que "el que consiga venderle la presentación a sus jefes, tiene el futuro asegurado". Si el proyecto funcionaba, el resultado se festejaba en el *Head Quarter* como propio; si fracasaba se hacían nuevas transparencias, mejores y más vistosas que las anteriores, marcando los errores de implementación y recomendando cambios de organización. El ciclo, repetido cientos y cientos de veces, es la razón gráfica y simplificada de diez años de fracasos de IBM.

El tercer punto del decálogo de la época era una variante del anterior: "Lo único que puede traer un empleado son malas noticias, las buenas me las da mi jefe". La versión más original la vi escrita, sin embargo, en la oficina de un vicepresidente de IBM Latinoamérica. Había colgado en la pared una foto de Marlon Brando en *El Padrino*. Abajo se leía la frase de Don Corleone: "Cuando quiera saber tu opinión, te la voy a dar". Ese estilo, en cierto modo despótico e irrespetuoso, convivía de manera esquizofrénica con canales de comunicación interna que provocaban la admiración de todos los que se dedicaban al estudio de organizaciones empresarias y otorgaba a la gerencia superior una herramienta formidable para las prácticas demagógicas.

Los dos mecanismos de comunicación interna más poderosos de La Corporación eran los llamados "Hable Francamente" y "Puertas Abiertas". El primero estaba estructurado sobre un sistema de buzones distribuidos por la compañía y donde cualquier empleado podía dejar, en formularios diseñados especialmente, las críticas o las preguntas que tuviera acerca de temas relacionados con el accionar de la empresa, conductas de gerentes o políticas de personal. Allí podía dejar sus señas si la cuestión requería de una reunión posterior. El mensaje iba directamente a la Gerencia de Personal desde la que se lo tramitaba. El destinatario tenía un plazo perentorio para preparar una respuesta dirigida al "Estimado Ibemeísta" (dado que nunca conocía la identidad del autor) y reenviarla al coordinador de la oficina de Personal, quien se encargaba de entregar la contestación al remitente. El "Hable Francamente" era uno de los mayores orgullos de La Corporación y muy poco popular entre los gerentes, enemigos de perder tiempo explicando por escrito a subordinados cuestiones con las que no tenían nada que ver.

Pero el arma más temida por el cuerpo gerencial era, de lejos, la política de "Puertas Abiertas" u *"Open Door"*, como se la llamaba familiarmente. Por medio de este canal cualquier empleado que se sintiera perjudicado por la decisión de un gerente podía dirigirse al primer nivel gerencial que juzgara objetivo para trasladarle su queja, y llegar incluso directamente al Número 1 de IBM Corporation, siempre y cuando creyera que todas las instancias intermedias tenían una visión interesada. La desconfianza de los gerentes hacia el método nacía de la larga tradición de los *Head Quarters,* siempre proclives a dar la razón a los empleados para poder usar el caso como elemento de motivación, a partir de una generosa difusión. Además, cualquiera fuese el resultado del planteo, el remitente gozaba de un período de impunidad de dos o tres años porque la compañía no estaba dispuesta a dejar la menor sospecha de represalia por haber acudido al programa.

El gerente que recibía la nota tenía un plazo de 48 horas para ponerse en contacto con el denunciante, acusar recibo y designar un investigador. El plazo era escrupulosamente respetado, más aun si el caso debía ser expuesto fuera del país, y su incumplimiento era considerado una falta grave. También el investigador tenía plazos para reunirse con el remitente y todos los empleados que considerara necesario consultar para tener una postura definitiva. Era un trámite casi sumarial en el que toda la organización quedaba obligada a atender el requerimiento como máxima prioridad. Definido el tema, el investigador se reunía con el denunciado y, si había acuerdo, se redactaba una respuesta con la decisión de cumplimiento obligatorio. Hay en el historial de La Corporación centenares de anécdotas con decisiones increíbles adoptadas por el único motivo de demostrar hasta qué punto IBM protegía a sus empleados.

El caso más absurdo fue el de un empleado de IBM Argentina que, estando asignado a IBM USA, falsificó recibos médicos agregando un cero a los honorarios para aumentar el reintegro que la empresa otorgaba sobre esos gastos. Lo rindió en USA mientras preparaba su regreso al país y un auditor americano lo descubrió cuando el empleado ya había partido. El auditor mandó un mensaje a Buenos Aires y recomendó su despido. Nosotros decidimos acatar la recomendación porque se trataba de un empleado de alto nivel y afectaba el prestigio de la organización argentina frente a la Casa Matriz. El empleado hizo un *Open Door* al presidente de América Latina/Lejano Oriente, de la que dependía IBM Argentina en ese momento. Adujo que su mujer había cometido el error de colocar mal el importe, que había alterado el recibo para compensar otros gastos de los que no tenía constancia. Agregó que esa actitud era producto de la tensión en la que la compañía había puesto a su familia con la mudanza. El investigador, en un alarde de buena voluntad, sostuvo que era un descargo atendible y debíamos reincorporarlo. Sólo la actitud intransigente de Savanti, que personalmente llamó al Presidente de IBM América Latina/Lejano Oriente para informarle que si esto se concretaba presentaría su renuncia, puso una cuota de sensatez al incidente.

Estos dos programas, que se mantienen vigentes, son fundamentales para analizar las conductas y las declaraciones de los empleados sobre los meganegocios de IBM Argentina. Ambos dan la pauta de lo fácil que podría haber sido comunicar las discrepancias con las decisiones que se adoptaron, y mucho más fácil si lo que debía comunicar eran presiones recibidas para colaborar, aprobar o participar en estas decisiones.

Estas costumbres y culturas se desarrollaron bajo un mercado en el que IBM tenía un monopolio permanente sobre la tecnología de punta, resultado de su capacidad de generar avances sistemáticos. Cuando semejante capacidad está alimentada por la inagotable fuente de recursos que generan productos con márgenes brutos del 70 u 80 por ciento, el liderazgo se hace inalcanzable. Pero esa delantera sólo puede mantenerse mientras las condiciones de mercado y tecnología permanezcan invariables. A la IBM de los 80 la noqueó la revolución de su propia criatura: la Computadora Personal.

IBM Argentina en los 70 y 80

IBM Argentina salió de los tres años de vacas flacas que habían empezado en el '73 para vivir una etapa de gloria. Ni Martorana ni Orcoyen ni yo, parte de lo que La Corporación llama *High Management Potential* (Alto Potencial Gerencial), íbamos a quedar al margen de la bonanza económica. La empresa excedía con holgura los objetivos fijados: habían quedado atrás la inestabilidad económica, la inédita reducción de gastos, la fuga de la competencia, convencida de que en la Argentina no había nada más que hacer. La gran base de equipos instalados, pero sobre todo la estrategia de no abandonar a los clientes ni en medio de la catástrofe —una lección que IBM aprendió durante la crisis del '30— iban a dar frutos asombrosos. Las directivas habían sido claras: "péguense al cliente, conozcan gente, háganse amigos, entiendan sus problemas, sus mecanismos. Detecten la oportunidad de empezar a hacer negocios. Defiendan lo que tengan instalado".

Con la llegada del *boom* de la demanda, IBM Argentina fue la única empresa del mercado informático local preparada para aprovecharlo. En 1979 me nombraron Gerente de Comercialización en la Sucursal Gobierno. Martorana, que había entrado a IBM un año antes y nos llevaba siempre la delantera en la escala jerárquica, ya estaba allí como Gerente desde hacía un tiempo y empezaba a mostrar su espíritu innovador. Recuerdo que una de las primeras normas que impuso fue que todos los gerentes del sector visitaran, al menos una vez por semana, a los funcionarios de la Subsecretaría de Informática, que había pasado a depender del Ministerio de Planeamiento, el territorio imaginario donde habían confinado al general Genaro Díaz Bessone. A cargo de la subsecretaría estaba el vicecomodoro Oscar Gregorio Vélez, un oficial retirado de la Fuerza Aérea que había estudiado en universidades norteamericanas y tenía la misión de aprobar las contrataciones de la administración pública en materia informática.

Cumpliendo la orden de Martorana, los cinco gerentes que estábamos en su estructura acordamos ir un día cada uno hasta la subsecretaría, visitar las oficinas donde se gestionaban los expedientes, recabar algún dato útil o empujar hacia arriba de la pila de papeles los trámites que más nos interesaban.

La estabilidad que trajo el golpe nos favoreció, pero nuestra relación comercial con los militares era históricamente difícil. Sólo la Marina estaba entre los clientes tradicionales de IBM; ni el Ejército ni la Fuerza Aérea utilizaban nuestros equipos y se tejían montones de historias sobre los motivos de esa proscripción. Verdadera o falsa la supuesta enemistad, lo cierto es que donde recalaba un integrante de estas fuerzas —y en ese momento estaban en casi todas las reparticiones oficiales— nosotros no teníamos buen ambiente.

En lo personal, los años siguientes fueron de intensa práctica, cursos y entrenamientos. Viajé dos meses a Vancouver para trabajar con el gerente de la sucursal de IBM en esa ciudad (que, dicho sea de paso, tenía un volumen de negocios superior al de toda IBM Argentina), comencé a interactuar con el personal de la Casa Matriz en discusiones de estrategia de negocios, y en enero de 1982 me trasladaron por doce meses a la sede de IBM Latinoamérica, en Nueva York, para participar del Programa de Aceleración Gerencial. Este programa —al que asistían unos veinte o veinticinco empleados de todos los países de la región— era producto de una idea de Ralph Pfeiffer, presidente de IBM América Latina/Lejano Oriente, para estimular la capacidad gerencial de aquellos que tenían condiciones ejecutivas. Mientras nosotros completábamos períodos de educación teórica en manejo de negocios desde la perspectiva de La Corporación y concurríamos durante dos o tres meses a áreas operativas de las oficinas centrales, nuestras familias hacían la experiencia de convivir con las que llegaban de Corea, Taiwán o Singapur.

Cuando regresé, Buenos Aires me recibió con la novedad de mi designación como Gerente del Sector Público, es decir, de todos los negocios de IBM con el Estado, la provincia de Buenos Aires, la Municipalidad y las empresas de Servicios Públicos: sin duda, el grupo de Ventas más importante de la compañía. Por primera vez empecé a sentir que el camino hacia las posiciones más altas se había abierto.

1983 fue muy bueno para mi sucursal y antes de fin de año Víctor Savanti me convocó a su oficina. Allí estaba también Julio Viau, Director de Operaciones y segundo en la línea de mandos de la empresa. Víctor dejó los preámbulos y fue al punto. Me dijo que necesitaban una persona que trabajara cerca de ellos en relaciones externas: Alfonsín estaba por asumir y se sabía que los radicales tenían un proyecto de desarrollo de la industria informática local que podía afectar seriamente el futuro de IBM Argentina. Savanti y Viau habían decidido, obviamente, que esa persona era yo. Salí del despacho convertido en el nuevo Director de Relaciones Externas y Comunicaciones; en menos de un año había saltado de gerente de primer nivel a director. Estaba entre los diez funcionarios más importantes del organigrama local.

Sin embargo, la clave de ese período fue mi inserción en el mundo del *lobbying* argentino. De pronto, mi vida pasó de las reuniones de revisión de negocios a desayunos, almuerzos, *cocktails* y cenas en las que siempre terminaba encontrándome con el mismo pequeño grupo de colegas de otras empresas, desesperados por mostrar quién conocía a más fucionarios por su nombre de pila. Escuché y participé de largas reflexiones sobre cuestiones de Estado hechas por ese puñado de políticos frustrados que éramos, en el fondo, los gerentes de relaciones públicas de las empresas.

Yo quería mostrar a IBM que podía hacer bien cualquier tarea de responsabilidad que me encargaran. Y me encomendaron el encuentro entre el presidente Alfonsín y John Akers, que fue coordinado por Savanti y el entonces secretario de Industria del radicalismo, Carlos Lacerca. Akers era el máximo ejecutivo de La Corporación en ese momento, un funcionario de carrera que se había desempeñado en todas las áreas de la compañía. En su juventud había volado como comandante de un bombardero de la Fuerza Aérea americana y se decía que aplicaba la misma temeridad y frialdad al manejo de las cuestiones de negocio. Los nuevos tiempos demostrarían que no era tan así. La cita se concretó a fines de 1984 en el Plaza Hotel de Nueva York. Savanti y yo nos adelantamos para explicarle a Akers con pelos y señales en qué consistía el proyecto de política informática que estudiaba el gobierno, inspirándose en el modelo brasileño. Aquella "cumbre" terminó con el compromiso formal de Alfonsín de que, al contrario de lo que había ocurrido en Brasil, no se cerrarían las importaciones informáticas y sólo se estudiaría una reforma arancelaria. En cualquier caso, le aseguró Alfonsín a Akers, se contemplaría el caso particular de IBM, por la contribución que representaban sus actividades de fabricación y exportación a través de la planta de Martínez, para minimizar el impacto que podía tener en su operatoria cualquier medida proteccionista que se adoptara.

Este semicompromiso fue visto por La Corporación como un éxito importante de nuestra gestión ya que, si Argentina optaba por la tesis brasileña de cierre de las importaciones, podía desencadenarse un efecto dominó en países como México, Venezuela y Colombia, que tenían en agenda recetas similares.

En esos veintidós meses vi de cerca el mundo del gobierno y de los políticos, la delgada frontera que separa el delito de las atenciones para ganar la buena voluntad del funcionario. Pude descubrir, entre divertido y asombrado, la hipocresía de esferas empresarias que por la mañana temprano se vanagloriaban de su trayectoria cristalina y por la noche llenaban de fichas los bolsillos de sindicalistas y funcionarios para que jugaran a la ruleta o al *Black Jack* en los casinos donde terminaban, casi siempre, las jornadas de trabajo de los Coloquios de IDEA. Vi a un poderoso gremialista regar de placas todo el paño y jugar solo, absolutamente solo, en dos mesas de ruleta simultáneamente; vi cómo los mismos que después se hicieron cruces ante el escándalo del BNA celebraban regando el paño con *champagne* la buena racha de Juan Carlos Cattaneo en la mesa de Punto y Banca del casino de Las Leñas, hasta el punto que las cartas, pegoteadas, no podían salir del *sabot*. Logré, además, una red de relaciones que me sería de gran utilidad en el manejo de los futuros negocios de IBM.

A fines del '85 Savanti tomó una decisión fundamental para la compañía. Las normas de IBM imponen que ningún empleado mayor de 60 años puede mantenerse en tareas ejecutivas. Savanti los cumplía en julio de 1992 y debía empezar a preparar a quien sería su sucesor. Al regreso de Martorana de Nueva York, en 1984, la disputa por la herencia de Savanti se planteó entre los dos ejecutivos con más chances: por antigüedad y nivel en la compañía, Juan Carlos Masjoan era el mejor posicionado. Se desempeñaba como Director de Operaciones, tenía a su cargo toda la organización comercial de IBM Argentina y gozaba de la máxima confianza de Savanti y de Viau. Pero muchos ponían sus apuestas en el casillero de Martorana que, como Director de Comercialización, reportaba a Masjoan, pero no perdía la oportunidad de ponerlo incómodo en cuanta ocasión se presentaba, dejándole entrever que él también estaba anotado en la carrera por el cargo máximo.

La competencia entre ambos podría llenar un libro de anécdotas que ayudarían a entender cómo se maneja la política en esas grandes organizaciones y de dónde salen la fortaleza y las debilidades de sus ejecutivos. Antes de terminar el año, Savanti designó a Masjoan Director de Finanzas y a Martorana Director de Operaciones. Con eso su fallo quedaba claro. A partir de allí, Martorana fue el delfín y Masjoan empezó a buscar la oportunidad de su vida fuera de IBM Argentina. Ignoro cuál fue la razón última del apoyo de Víctor a este hombre inteligente e irónico, verborrágico y cerebral, que había planificado su vida con obsesiva anticipación. Supongo que Savanti sabía con qué intensidad Martorana aspiraba a ocupar su puesto y sentía por él una mezcla de admiración por sus virtudes y temor porque lo veía despiadado.

Cuando terminó mi misión en la Dirección de Relaciones Externas, vi la brecha para volver al terreno de los negocios concretos que, al fin de cuentas, era lo que me gustaba hacer, el corazón de IBM Argentina y lo que, en la cultura de la compañía, aseguraba el camino de los ascensos. Le pedí a Savanti el cargo que dejaba Martorana. Víctor no puso reparos. Hacia mediados del '86, Martorana y yo fuimos incorporados al Directorio de IBM Argentina y, simultáneamente, al Programa de Opción de Acciones, una instancia reservada a los ejecutivos de máxima responsabilidad en los resultados y que IBM tiene interés en retener.

Quienes ingresábamos al Programa recibíamos todos los años el derecho, por diez años, de comprar acciones de IBM en Wall Street al valor que la acción mostraba el día que ese derecho había sido otorgado. Así, cada uno de los adheridos al Programa especula con la suba de la acción IBM sin poner el dinero y sin correr ningún riesgo, porque si ésta baja no ejerce la opción. Tres días antes de mi despido yo había ejercido 10.600 opciones del paquete que tenía asignado. Compré a 47,80 dólares cada una y, al mismo tiempo, ordené a mi agente de bolsa venderlas al precio de 96 dólares con que se cotizaban en ese momento. Me quedaban 48 dólares por acción como saldo neto. Las 10.600 acciones generaban en mi cuenta 500.000 dólares, sin haber arriesgado ni invertido nada. Al momento de mi cesantía yo tenía casi 25 mil acciones en condiciones de ejercer y alrededor de 40 mil que vencían más adelante. La decisión de suprimirme retroactivamente ese derecho fue lo que discutí con Rowley en mi último día de IBM y por lo que los he demandado judicialmente.

Al promediar 1989, Martorana fue asignado a la Casa Central de IBM Latinoamérica, en un lapso de prueba y entrenamiento final antes de asumir la gerencia general de IBM Argentina. Yo tomé entonces en mis manos la Dirección de Operaciones, afirmándome como próximo número 2 de la generación de relevo que se haría cargo de la compañía: Viau se había retirado anticipadamente y Masjoan lo hizo en un plan especial ante la evidencia de que no era el elegido para suceder a Savanti. La Dirección de Operaciones me ponía, dicho en términos castrenses, "al mando de tropa", permitiéndome trabajar en conexión directa con Savanti.

En sus dos últimos años de gestión logramos los mejores resultados en la historia de la compañía. Nuestra *performance* contrastaba con los datos preocupantes del resto de La Corporación, que pasaba una de sus etapas más negras. Savanti había hecho una gran parte de su carrera en la Sucursal Gobierno, tenía una inclinación natural al trabajo con los clientes y volcó a la organización a la conquista del mercado, insuflándola con la mística de que no se podía perder ninguna situación de negocios. La admiración que logró Víctor del medio empresario y el respeto que sentía por él la gestión radical nos dieron la plataforma necesaria para colocar a IBM Argentina casi como proveedor obligado de todo emprendimiento de envergadura en el terreno informático. Seis meses después de su retiro, Víctor Savanti fue llamado por Amalia Lacroze de Fortabat para hacerse cargo de la Vicepresidencia ejecutiva de su grupo empresario.

Su estilo gerencial realista, profundamente atento a las señales de cambio que emitía la realidad, contrastaba con el que se había ido haciendo carne en los *Head Quarters*. El choque cultural estalló ante nosotros en una de las reuniones de rutina para conocer las perspectivas de crecimiento que Robelí Libero, el presidente de IBM Latinoamérica, hacía a mediados de año en cada país. Robelí, que había sido Gerente de Personal y Gerente General de IBM Brasil, la más grande IBM de Latinoamérica, había aprovechado con maestría una crisis administrativa que descabezó la cúpula de la IBM de su país. No era difícil atribuírselo a su procedencia: era de Minas Gerais y los *minheiros* tienen fama de complejos y retorcidos.

En la reunión, nosotros expusimos las conclusiones a las que habíamos arribado en base a los métodos indicados por el *Head Quarter,* pero de inmediato tuvimos la certeza de que a Robelí nuestros números no le resultaban satisfactorios. O, al menos, no eran los que esperaba mostrar a sus jefes a la vuelta del *tour*. No nos equivocamos. Robelí, morocho y robusto, un *workaholic* que no podía hablar de otra cosa que no fuera los resultados de los negocios, se paró al frente de la sala de reuniones de la presidencia y en un esforzado *portuñol* empezó a hacer un prolijo listado de no menos de cinco métodos diferentes para calcular la demanda futura. El mensaje era de una claridad meridiana: "Hasta que no lleguen a la cifra que yo quiero, van a seguir probando alternativas".

Luego, tímidamente, comenzó a escribir las metodologías en las hojas de un atril colocado bien delante de nuestros ojos. Fue entonces cuando Savanti, con un tono pausado y respetuoso que, sabíamos, le estaba exigiendo un enorme esfuerzo de autocontrol, le dijo:

—Robelí, con el margen de error de las estadísticas argentinas, las distorsiones que provoca la inestabilidad y los datos arbitrarios que incluyen siempre estos análisis, lo único que se puede obtener es una idea aproximada del crecimiento. No veo la necesidad ni la utilidad de perder tiempo y esfuerzo en desarrollar tantas metodologías.

Robelí lo escuchó y siguió escribiendo, imperturbable. Casi estaba por terminar el listado y Savanti volvió a hablar.

—Robelí —le preguntó contenido—. ¿Esta lista de métodos me la vas a mandar por escrito?

—No hace falta —contestó Robelí, encantado por el interés de Víctor—; se los dejo como un papel de trabajo.

—Es que soy yo el que la quiere por escrito, así

me ahorrás el trabajo y puedo adjuntarla al *Open Door* que le voy a mandar a Akers, porque me niego terminantemente a hacer ningún cálculo más.

Pocas veces habíamos asistido a un momento de tanta tensión entre altísimos ejecutivos de la compañía. Robelí, dueño de una gran presencia de ánimo, se sentó e intentó una justificación diplomática a su actitud. Al final, quedamos en que no se harían nuevos cálculos. Pero Robelí no olvidaría nunca el episodio y jamás volvería a tratar a IBM Argentina con imparcialidad.

La misma firmeza encontramos en Savanti cuando aparecían los "viabilizadores", estudios de abogados o contadores de segunda categoría, ofreciendo acelerar el cobro de las facturas impagas de SOMISA o los 20 millones de la ENTel residual, a cambio de un 15 o 20 por ciento de su monto total. "Les conviene hacer una contribución", argumentaban, "porque de lo contrario, igual van a tener que pagar un abogado y esperar un tiempo incalculable para hacerse con la plata". Esa situación que se repetía en todos los servicios públicos privatizados era incomprensible para los directivos de la Casa Matriz, que nos sugerían encontrar quien quisiera "comprar" las facturas a cambio de un descuento considerable y sacarnos de encima el problema. Savanti jamás aceptó esas propuestas y aún quedaban en IBM cuentas pendientes de aquellas épocas cuando fui despedido.

En julio de 1992, seis meses después de la vuelta de Martorana, se produjo el recambio.

El Proyecto Centenario

EL 26 DE OCTUBRE DE 1993 el Banco Nación llamó a licitación para modernizar su infraestructura de sistemas. Era el plan más ambicioso formulado en la historia de IBM Latinoamérica. La aparición de un negocio de esta envergadura tenía en vilo desde hacía meses a las empresas del sector. IBM también se había preparado para ese momento.

En 1992 Hugo Santilli, antecesor de Dadone en la presidencia del BNA, había encargado a la prestigiosa consultora Booz & Allen un estudio estratégico. Recibió un veredicto categórico: con el estado de sus sistemas, el BNA no podía plantearse ser protagonista en un mercado que rodaba aceleradamente hacia la desregulación. En IBM, el Sector Banca y Entidades Financieras reunía a los expertos en la problemática y el desarrollo de soluciones para el negocio bancario del mundo, y como responsables del cliente BNA intensificaron los contactos con el personal de la línea operativa. El objetivo era tener éxito en la difusión y preventa:

dejar en claro que no había mejor proveedor que nosotros.

Como parte de nuestra ofensiva, hicimos venir a Buenos Aires especialistas extranjeros que presentaron el Hogan —un paquete de *software* destinado a manejar la operación integral de un banco; el sistema más sofisticado del mundo— a los funcionarios del BNA. Al mismo tiempo se dio soporte a los viajes que los expertos del banco realizaron a los Estados Unidos, Canadá y Europa para observar cómo se manejaban otras entidades financieras con estructura y características semejantes a las suyas y discutir las dificultades y ventajas en cada solución elegida.

La recorrida fue preparada con cuidado por la línea gerencial del banco y por la consultora Deloitte & Co., contratada para colaborar y asesorar en el desarrollo del plan estratégico de sistemas. El equipo que IBM destinaba a atender al BNA acompañó esos viajes cuando los bancos a visitarse contaban con tecnología IBM, para estar en las presentaciones. Todos los gastos de nuestro personal corrían por cuenta de la compañía y tanto Neira como Murman, encargados de la tarea, se alojaban en hoteles diferentes a los utilizados por la delegación del BNA, y si participaban de las reuniones con el cliente visitado, debían contar con el visto bueno de ambas partes.

Fue luego del primer viaje, en abril de 1993, cuando comenzó una apasionada discusión entre los propios expertos del BNA. Un grupo de funcionarios —con el apoyo de Deloitte— se declaró partidario de una estructura centralizada, basada en grandes archivos con información de clientes y transacciones. Las sucursales recibirían instrumentos para manejo de la operatoria frente al cliente, pero serían monitoreadas desde la instalación central. El otro bando, que incluía a los gerentes del área de informática del banco, propiciaban un esquema descentralizado, de sucursales independientes que, en una etapa posterior, se podrían conectar o integrar. La primera opción pivoteaba sobre la filosofía de que "el cliente es manejado como cliente del Banco, independientemente de dónde se contacte con el mismo"; la segunda —interesante por la sencillez de su implementación— apuntaba a estructurar al BNA como una suma de quinientos cuarenta y cinco pequeños bancos, casi autónomos. Esta postura, para la que "el cliente es cliente de la sucursal", tenía un flanco débil: el cliente veía disminuida su capacidad de efectuar operaciones desde cualquier otra sucursal que no fuera aquella donde tenía sus cuentas y limitaba una rápida información global. Y ésta era, por cierto, una de las necesidades a las que trataba de responder la transformación.

La polémica entre arquitecturas centralizadas o descentralizadas no puede saldarse de modo dogmático. Cada alternativa, como casi todas las cosas de la vida, tiene ventajas y desventajas que sólo se miden frente a un problema concreto a solucionar. De todos modos, lo cierto es que el Directorio se volcó a la solución centralizada propiciada por Deloitte, aunque les dio a las sucursales herramientas que les posibilitaban una gran independencia operativa. La variante respetaba los ejes definidos por el estudio inicial de Booz & Allen y coincidía con lo que el BNA había visto funcionar en casi todas las instituciones bancarias extranjeras. Para IBM cualquiera de los caminos era válido: había presentando dos soluciones, una para cada alternativa.

Sin embargo, la discusión producida en el interior del Banco iba a tener costos: el Directorio encaró una profunda reorganización a nivel de las gerencias y desplazó a los que se habían opuesto a la decisión. Desconozco los pormenores del conflicto porque en aquel entonces no mantenía contacto directo con la entidad y eran Neira y Murman quienes me informaban de su marcha. Sí supe, claro está, que como parte de aquel proceso toda la gerencia de sistemas del BNA había sido relevada y en su lugar se designó a personas de confianza del Directorio que, en conjunto con Deloitte, comenzaron a elaborar la versión definitiva del pliego de licitación. Supe más tarde que los gerentes reubicados fueron invitados a volver por Roque Maccarone, el funcionario que reemplazó a Dadone en la dirección del Banco luego de su renuncia forzada.

Para nosotros, el negocio empezaba a tomar forma y fue entonces cuando Murman, gerente de primera línea del manejo del "cliente BNA", me habló de su preocupación por la envergadura que estaba tomando el asunto: el *software* centralizado era de una complejidad sin precedentes, pero a eso se agregaba el aparente deseo de Dadone de que el proyecto lo realizara un "integrador llave en mano".

El concepto de integrador

La figura del "integrador" no era un invento argentino. Estaba impuesta en el mercado mundial y hacía responsable de la ejecución de la obra a un tercero, el "integrador", cuyo rol no consistía únicamente en proveer los elementos sino en coordinar la complejidad, acotar riesgos y tener capacidad financiera suficiente para enfrentar el desarrollo de cada una de las etapas, puesto que el cliente las paga una vez “certificadas”, es decir, aceptadas, finalizadas y en marcha. Tal y como si uno, puesto a edificar una vivienda, no contrata albañiles, techistas, plomeros y gasistas sino un arquitecto o una empresa constructora que entrega la casa terminada y lista para usar.

Al acercarme al Proyecto Centenario entendí que la inquietud de Murman era razonable. Nunca antes IBM Argentina había entrado en un negocio de tal complejidad y éste excedía largamente la responsabilidad que estábamos en condiciones de asumir. Necesitábamos el soporte y la experiencia internacional de La Corporación y, al mismo tiempo, esa intervención colocaría en ventaja nuestra oferta. No había muchos competidores capaces de ofrecer el respaldo de una empresa de prestigio mundial indiscutido. Para buscar el soporte de la organización internacional de IBM había un motivo más: proyectos tan ambiciosos no abundan, la noticia circularía y era muy probable que la licitación atrajera la atención de empresas extranjeras especializadas en integración. No podíamos demorarnos.

Para continuar con esta historia que ha producido montañas de papeles y ha liquidado carreras brillantes de la empresa privada y la esfera política, es bueno saber quiénes eran los integrantes del Comité Ejecutivo que había formado Ricardo Martorana, Presidente de IBM Argentina desde 1992. Además de Martorana, estaban Javier Orcoyen, Vicepresidente de Finanzas, Roberto Nul, Vicepresidente de Relaciones Externas y Comunicaciones,

Jorge Ober, Vicepresidente de Tecnología, y yo, Vicepresidente de Operaciones. El Director del Sector Banca y Entidades Financieras era José Salamanca, un profesional de ventas que había ingresado en IBM Argentina antes que yo, con una amplia experiencia en diversas funciones de la compañía, y que había sido asignado varias veces a IBM Estados Unidos. Era el gerente de Sector con más años en la empresa y de él dependía, en cuanto a la relación con el Banco Nación, Gabriel Murman, Gerente de Comercialización del Sector. Murman, mi antiguo compañero del Curso IV, tenía bajo su órbita un grupo de vendedores entre los que estaban Héctor Neira, asignado a la atención del BNA. Finalmente, Juan Carlos Martínez, hasta la actualidad Director de Servicios y responsable de esta línea de negocios en la Argentina, de los que integración era una de las especialidades.

Representando a la Casa Matriz de Latinoamérica estuvieron en contacto con el Proyecto: Marcio Kaiser, quien ocupaba una plaza equivalente a la de Juan Carlos Martínez, responsable de Servicios en Latinoamérica. Brasileño asignado a Nueva York, Kaiser había llegado a la Vicepresidencia Comercial y luego a la Vicepresidencia de Finanzas de IBM Brasil y tenía una amplia experiencia en todos los aspectos del negocio. Kaiser reportaba, a su vez, a Peter Rowley quien, en su calidad de Vicepresidente de Operaciones de IBM Latinoamérica, era el jefe directo de Martorana.

A Kaiser reportaba Steve Lew, “el chino”, como lo llamábamos localmente por su ascendencia oriental, un especialista en proyectos complejos con amplia experiencia en instalación de Hogan, que fue asignado por Kaiser y Rowley para revisar y aprobar la oferta de IBM Argentina al Banco Nación.

Cuando Peter Rowley vino a Buenos Aires, Murman le expuso las líneas maestras del plan de informatización del BNA. Rowley, típico representante de la cultura sajona en el mundo de los negocios, era áspero en las cuestiones de manejo empresario pero lo compensaba con la simpatía que solía desplegar en el plano social. Como si en esos ratos se liberara, le encantaba contar chistes verdes y era capaz de beberse una docena de cervezas en los almuerzos, mientras se apasionaba hablando de golf o de su mujer escritora a la que, en el fondo, admira. Rowley captó el mensaje y resumió su punto de vista en dos cuestiones esenciales.

—Tienen que hacer intervenir expertos con práctica anterior en utilización de Hogan desde el primer momento —dijo—. Voy a designarles un responsable para ese soporte. Pero les pido además que tengan en cuenta que, para la compañía, la seguridad está antes que la rentabilidad. Hay que cubrir al máximo todos los riesgos, aunque sea sacrificando parte de la rentabilidad. La experiencia mundial de IBM indica que si en proyectos de integración a precio fijo aparecen imprevistos, las pérdidas acaban siendo fabulosas.

Los meses que siguieron fueron intensos para la gente del Banco encargada del proyecto: consultas sobre equipos, enfoques de soluciones parciales, factibilidad, cronogramas. El personal de IBM a cargo sabía con exactitud hasta qué punto nuestra suerte en la licitación dependía de su trabajo en esa etapa.

El 26 de octubre de 1993 el BNA llamó a licitación pública. Ofrecía contratar un integrador para la instalación y puesta en marcha de productos, servicios y adiestramiento del personal para su Plan de Informatización y Comunicaciones. Quince días más tarde comenzó a publicitar en los diarios la convocatoria. La apertura de los sobres con las ofertas quedó fijada para el 3 de enero del año siguiente.

El direccionamiento

Una de las sospechas más fuertes del paquete de acusaciones lanzado contra el Proyecto Centenario es la que sostiene que la licitación estaba "direccionada" y que las cláusulas del pliego contenían requerimientos que sólo IBM podía satisfacer, convirtiendo a la compañía en número puesto. Sería inútil que tratara de argumentar para demostrar lo contrario. Sí cuentan, en ese caso, los testimonios que, al respecto, dieron ante el juez Adolfo Bagnasco los proveedores e, incluso, aquellos funcionarios del Banco que con más dureza se habían opuesto a la solución centralizada.

* En su declaración, Hugo Strachan, presidente de Hewlett Packard, sostuvo que su empresa se mantuvo al margen de la licitación por no tener arquitectura *mainframe,* carecer de *software* bancario y dedicarse solamente a la provisión de *hardware*. No obstante, Strachan, dijo no poder afirmar que la convocatoria estuviese direccionada a un proveedor y se mostró de acuerdo con el criterio de tener un "integrador".

* Raúl Véjar Olea, de la firma SONDA, compartió también el criterio de tener un integrador. Como Strachan, admitió que no podía sostener que hubiera direccionamiento en la licitación, de la que no fue parte pues los pliegos resultaban muy caros.
* Por Xerox acudió al juzgado federal Alfredo Rey, quien explicó que no había formado parte del grupo de oferentes por no tener *software* bancario. Rey prefirió no opinar sobre la acusación de direccionamiento.
* Martín Giesenow y Claudio Ronzoni, de TTI, empresa que presentó su oferta a la licitación, indicaron que no pudieron verificar que el pliego hubiera sido confeccionado a la medida de IBM y, por consiguiente, no procedieron a su impugnación.
* Adjunta al expediente se encuentra, asimismo, la carta enviada por Andersen Consulting al presidente del BNA agradeciendo la invitación a participar de la licitación y explicando que declina el ofrecimiento por no estar interesada en asumir el riesgo financiero que implica la figura del integrador. No menciona el direccionamiento del pliego.
* También ha sido incorporada a la causa una nota de la empresa EDS, una de las mayores del mundo en integración de sistemas. Allí, EDS explica que no presentó oferta en el llamado del BNA por no haber acordado con otra empresa local (SIGEBA) la negociación que se encontraba en marcha entre ambas. EDS agrega que, pese a saberse capacitada para cumplir, en materia de requerimientos y cronogramas exigidos por el BNA, con los *softwares* de que disponía o se encontraban disponibles en el

mercado, consideraba que era escasa la flexibilidad para mejorar la *performance* o disminuir los costos.

Debo admitir que la lectura del expediente me proporcionó un buen número de sorpresas. En muchos casos, la sorpresa llegó unida a la decepción. No podría incluir en ese último grupo la declaración de Juan Carlos Propatto, desplazado de la Subgerencia General del BNA por su cerrada oposición al Proyecto Centenario y a la idea de la "centralización". Contra lo que cualquiera podía imaginar, Propatto —supongo que en un esfuerzo de objetividad— señaló que "a él no le consta que Dadone tuviera interés en beneficiar a IBM". De modo parecido se pronunció Carlos Tomsig, Gerente de Sistemas durante la gestión de Propatto, cargo al que renunció en solidaridad con su jefe. Tomsig fue explícito: desde su punto de vista, dijo, el pliego no estaba direccionado y el concepto de "integrador" resultaba útil y conveniente para el proyecto impulsado por el banco.

Los proveedores de IBM

Murman, Neira y José "Joe" Salamanca aseguraron que recién en noviembre de 1993, durante una reunión celebrada en mi oficina, conocieron los nombres de los proveedores que IBM pensaba incluir en su oferta. Allí, dijeron, yo les comuniqué el listado de empresas.

"Joe" comandaba en ese momento el *staff* de más de cincuenta profesionales dedicado a cubrir el mercado de entidades financieras y el equipo específicamente asignado a la atención del Banco Nación. Siempre nos había parecido que con su estilo fino y diplomático, atribuible a su formación en una familia de la alta burguesía boliviana, era el más apto para tratar a los directivos de los bancos. Su gente venía participando íntimamente del proyecto de informatización del organismo, al punto de haber acompañado a funcionarios en dos viajes a visitar instalaciones en el exterior. Su participación decisiva lo había llevado a plantearme con firmeza que quería ser invitado al Golden Circle de marzo de 1995: "Soy el director que manejó el negocio más importante de 1994". Sin embargo, para mi sorpresa, en la investigación relativizó tanto esa afirmación que pasó a sostener que únicamente había intervenido en la contratación del Hogan y que yo había definido todo lo demás.

Yo sigo sosteniendo que la selección de los contratistas que acompañaron a IBM en sus negocios surgió de los antecedentes de las empresas y su conocimiento de áreas específicas del trabajo y fue revisada y compartida por todos los niveles de La Corporación. Quienes sostienen lo contrario siguen trabajando en IBM.

Preparación de la propuesta

Cuando los elementos básicos de la propuesta a elevar al Banco Nación quedaron delineados, decidí que era necesario formar un grupo de trabajo *ad hoc* para la preparación de la oferta. Gabriel Murman, como Gerente a cargo, se haría responsable ante mí de que, en la fecha indicada, tuviéramos lista una presentación acorde con los niveles de calidad y competitividad que postulaban los principios de La Corporación. Además de todos los especialistas de la empresa, formarían parte del equipo los proveedores que por el rol que debían desempeñar pudieran considerarse piezas fundamentales de la oferta:

* Hogan Systems, encargada de aportar los técnicos que adaptarían el programa IBA —desarrollado por ellos— a las necesidades del mercado bancario argentino y a las del Banco Nación en particular.
* CONSAD, que, entre otras funciones, prestaría soporte a Hogan y volcaría los datos del Banco a los nuevos sistemas.
* ITSA, propietaria de los derechos de licencia del SFI II, el programa seleccionado por el BNA para implementar en las sucursales. ITSA debería adecuar el *software* a las exigencias particulares del Banco y sus sucursales.
* ITRON, integrada algo más tarde que las anteriores y encargada, entre otras tareas, de la instalación física del centro de cómputos en la Casa Matriz y las quinientas cuarenta sucursales. También tomaba bajo su responsabilidad el dictado de cursos.

Aun cuando fueran de mucho menor aliento, mis experiencias anteriores me indicaban que si los equipos de trabajo los integran hombres procedentes de diferentes empresas, los tiempos se alargan por las discusiones entre individuos que no tienen el poder necesario para tomar una decisión final. Por eso y para seguir de cerca el avance del proyecto, fijé los jueves a la mañana como día de reunión para revisar la marcha de la oferta. De esas reuniones realizadas semanalmente en mi oficina participaban los representantes con poder de decisión de las empresas proveedoras: Alberto Manfredi, por ITSA; Marcelo Cattaneo, Julia Oshiro o, en ciertas oportunidades, Juan Carlos Cattaneo, por CONSAD y Roberto Celentano, por ITRON.

En Murman se delegó la coordinación de las reuniones y la responsabilidad de enviar a los asistentes, luego de cada encuentro, una minuta con el punteo de los temas discutidos y los acuerdos logrados.

En los primeros tramos de esas reuniones empezó a perfilarse la que iba a ser una de las estrategias básicas de IBM para reducir riesgos. Cada proveedor se llevaba una suma significativa del precio total del proyecto, porque de ellos dependía el éxito de IBM como integrador. Pero si compartíamos las ganancias, también había que compartir los riesgos. Esta verdad nacida del sentido común tenía un nombre en el mundo de los negocios: proveedor solidario.

Socios solidarios

El pliego de licitación confeccionado por Deloitte prohibía expresamente la figura de la UTE —Unión Transitoria de Empresas—, donde todos los miembros son responsables de las obligaciones contraídas con el cliente, y fue necesario buscar una que se adaptara a las cláusulas.

Así nació la fórmula de "proveedor solidario" que fijó el tipo de relación contractual que nos vincularía con los cuatro proveedores cuyas órdenes de compra superaban los 10 millones de dólares. Yo llevé adelante la idea de que los proveedores cotizaran a precio fijo e incluyeran en su orden de compra el reconocimiento expreso de que el cobro de facturas por productos o servicios prestados estaba condicionado, primero, a la certificación de servicios por parte del BNA, y después, a que éste hubiera entregado los cheques correspondientes al trabajo. Recién a partir de ese momento los proveedores quedaban habilitados para reclamar su propio pago a La Corporación.

Era un reaseguro excepcional —aunque ahora se lo presente como una ventaja dada para un grupo de empresas por el desafortunado nombre de Socios Solidarios que elegimos— que hacía aun más severo el modo de pago que IBM pacta con sus proveedores. No sólo los obligaba a cumplir con sus propias entregas sino que los involucraba en el cumplimiento o incumplimiento del resto de los proveedores. Si uno fallaba, el banco suspendía los pagos y nadie cobraba.

En su declaración, Ricardo Caracciolo, auditor de IBM y encargado de revisar el tema de CCR, dijo: *"...ésta, según el documento de negocios del día 29 de diciembre de 1993, es una contratación de un socio solidario. Ahora bien, la forma en que se realizó la contratación, de acuerdo a los anexos I a III es la forma normal de contratación de un subcontratista"*. Sigo creyendo que la decisión no se apartó de las normas de la compañía y, por el contrario, fue IBM la que se colocó en situación de imponer a terceros una carga extra de riesgo.

Esa modalidad, en cambio, no se pudo aplicar a la contratación de Hogan Systems, proveedor con una importantísima participación en el costo total y cuyo rol en el proyecto era de una relevancia mayor que la de ningún otro. Hogan se negó a un presupuesto a precio fijo en razón, adujo, del elevado riesgo que planteaban las indefiniciones del BNA, y accedió a cotizar sobre la base del costo horario de sus especialistas, sin limitar la cantidad de horas que insumiría el proyecto.

El SBL

El costo variable del Hogan era un punto peligroso para IBM y potenciaba el riesgo intrínseco de la función del integrador. En el esquema iba a aparecer una tercera señal de alarma: mientras IBM Argentina negociaba con Hogan su modo de participación en el proyecto, a nivel internacional ésta mantenía una pelea casi pública con La Corporación en la que trataba de desprenderse del acuerdo que la ataba a ella, porque le recortaba su capacidad potencial de negocios. Desde Buenos Aires no era posible influir ni evaluar esta disputa, pero sus efectos podían arrastrar el proyecto informático que estábamos diseñando para el BNA.

Todas estas cuestiones nos colocaban ante la evidencia de que tras la participación de Hogan se perfilaba un panorama incierto. En los últimos días de diciembre decidimos abrir el paraguas e incluir, entre los costos que iban a formar parte de la fijación del precio, el de una cobertura que neutralizara los efectos de una posible ruptura empresaria. Por esta razón aparece el *soft* SBL en la historia del llamado "*affaire* IBM-Banco Nación".

Wilmer Gueiçamburu, actual presidente de la empresa a nivel local, declaró en el proceso que "*no se puede cuestionar que la alternativa del SBL era técnicamente válida".* Ese *soft* era la evolución tecnológica de la aplicación que al día de hoy tiene instalada el BNA y prestaba servicio a más de seis bancos; el hecho de que ya estuviera instalado en varias instituciones bancarias del país aseguraba, por otra parte, su vigencia y adecuación a las necesidades del mercado argentino.

El precio del SBL

El SBL era un desarrollo de la gente de CONSAD, que conocía al detalle su funcionamiento y por su vinculación al proyecto estaba en óptimas condiciones para encargarse de su instalación temporaria. Las normas de IBM y la necesidad de reducir riesgos nos indicaban la importancia de asegurar un precio fijo para su utilización. Se le pidió a CONSAD que fijara un presupuesto por el trabajo. Esos presupuestos suelen confeccionarse tomando varios escenarios posibles (cantidad de sucursales a instalar), calculando los recursos necesarios y construyendo un precio resultante del balance de probabilidades de cada escenario y su costo relativo. En el fondo, una técnica de cotización que quienes se han visto obligados a evaluar a precio fijo una tarea de alcance indefinido están acostumbrados a hacer.

En este caso preciso se calculó que el tiempo necesario para tener un nuevo equipo de profesionales trabajando en Buenos Aires podía ser de diez, quince o dieciocho meses, y para cada caso el proveedor elaboró una estimación de costos. Luego de esto, lo habitual es determinar las posibilidades de aparición de la emergencia y se elabora un precio que actúa como una prima de seguro: si la emergencia se produce y tiene la duración mínima, el proveedor tendrá un beneficio mayor al esperado; si es la máxima, los beneficios quedan reducidos o desaparecen. Desde el punto de vista de IBM, este enfoque cumple con las exigencias de la *Guía de evaluación de riesgos de Integración de Sistemas,* que obliga a tener precio fijo y definido de todos los proveedores, antes de presentar una propuesta de este tipo.

Por qué CCR

Yo conocía a Julia Oshiro y a Juan Carlos Cattaneo desde hacía más de veinte años en los que desarrollamos una relación comercial intensa. Los dos nos aseguraron que por compromisos comerciales y acuerdos societarios habían cedido la licencia del SBL a CCR, una empresa que ya había tenido contactos con IBM. Todos en IBM presumíamos que si CCR se había formado a partir de un desprendimiento de CONSAD, tenía sus mismos empleados y compartía el mismo piso de oficinas en la calle Córdoba, debía ser porque también formaban parte de un mismo grupo.

Como ocurre con el fútbol, todos los resultados tienen una explicación lógica los lunes por la mañana. El único problema es que la tarjeta de Prode hay que jugarla el viernes anterior y las comparaciones suelen demostrar que la lógica de los viernes rara vez coincide con la lógica de los lunes. Hoy, quizá puedan cuestionarse muchas de las decisiones tomadas. Pero lo único no tramposo es juzgar los hechos con la información disponible en el momento de la decisión y, en ese momento, CONSAD o CCR sonaban igual.

Juan Carlos Cattaneo

Juan Carlos Cattaneo se graduó en la Escuela Argentina Modelo con medalla de oro. Allí conoció a Ricardo Cossio, quien, como ya veremos, resulta otro personaje clave de esta historia. En 1971 se forma CONSAD SA con Juan Chamero, Julia Oshiro y Cattaneo. Chamero renuncia a la presidencia en 1974, y lo reemplaza Cattaneo, hasta 1989, cuando pide licencia al cargo. A partir de entonces Julia Oshiro ocupa la presidencia. Con el gobierno de Menem, Cattaneo pasa a la Secretaría General de la Presidencia como asesor *ad honorem* de Alberto Kohan. En 1991 se desempeña como Presidente e Interventor en TANDANOR, y finalmente como Presidente del Directorio de SOMISA, hasta que es reemplazado por Jorge Triaca. En 1995 vuelve a trabajar para Alberto Kohan como subsecretario de Acción de Gobierno de la Secretaría General de la Presidencia, hasta el 18 de agosto, cuando, a raíz de la trascendencia pública que habían tomado los incidentes relacionados con CCR y CONSAD, es obligado a renunciar.

Durante todos esos años la consultora tuvo un frondoso historial de diversa índole y alcance. Participaron de las obras de extensión de la Avenida 9 de Julio, del modelo matemático de la Cuenca del Plata y de un modelo de *leasing* y de ahorro y préstamo para empresas financieras; desarrollaron los sistemas administrativos, operativos y de planificación y control de Zárate-Brazo Largo, la represa hidroeléctrica Futaleufú y la autopista La Paz-El Alto. Más tarde se especializaron en contabilidad pública por computadora y trabajaron para la Junta Nacional de Granos, la Administración General de Puertos, la Dirección de Caminos y la Alcaldía Municipal de La Paz. En el área bancaria, trabajaron para el Banco de Italia, el Banco Boliviano Americano, el Banco de Crédito Argentino, el Galicia, y desarrollaron el Sistema Bancario en Línea para el Banco Río. Cattaneo también fue profesor en la Universidad Católica Argentina, en la Universidad del Salvador y en IDEA. Fue vocal del Comité Arbitral del Consejo Profesional de Ciencias Informáticas y director y tesorero de la Cámara Agentina de Consultores. Tanto Cattaneo como CONSAD cuentan con una abundante participación en proyectos de clientes privados y su trayectoria profesional en el mercado de consultoría y sistemas, desarrollada en gobiernos de distinto color político —militares, radicales y peronistas— y caracterizada por una gran solvencia profesional reconocida unánimemente en el mercado, no había sido empañada hasta el escándalo IBM-Banco Nación.

Durante dieciocho meses, desde enero de 1994 hasta julio de 1995, tanto IBM Argentina como IBM Latinoamérica compartieron la corrección de las decisiones adoptadas. Además, durante ese lapso la organización local tuvo muchas auditorías internas y varias internacionales que revisaron el cumplimiento de los procedimientos en los procesos que rigen las compras a proveedores, y todas fueron calificadas como satisfactorias.

Todavía faltaba un paso crucial para estar en condiciones de presentar una oferta a la licitación. La Casa Matriz de IBM Latinoamérica debía, obligatoriamente, aprobar las propuestas de Integración de Sistemas antes de ser presentadas al cliente. Y según los expertos internacionales de La Corporación que vinieron a Buenos Aires a ayudar en su preparación, la aprobación iba a ser un trámite complicado.

Aprobación de la oferta

La etapa final de la elaboración de la oferta estuvo plagada de nerviosismo e incertidumbre; había que conseguir máxima precisión en los presupuestos de los proveedores y evaluar los costos internos propios de IBM. A la complejidad de la tarea a afrontar se sumaban el alto nivel de exigencia del pliego de condiciones en cuanto a plazos de implementación y el riesgo implícito en el pobre nivel de definición del modelo deseado por el Banco. Hasta último momento dudamos en presentarnos a la licitación.

Toda la empresa estaba revolucionada. La dedicación de los empleados y gerentes era tal que incluso los proveedores se quedaban a dormir. Casi vivían en IBM. Murman y Neira organizaban los turnos rotativos para cubrir un día completo de trabajo. Ni siquiera salían a comer; el tiempo no alcanzaba para todo lo que había que hacer. Nada más entrar en el edificio de Catalinas y se respiraban la tensión y el aire denso de lo que representaba el Proyecto Centenario. En los pasillos se sentía la adrenalina que emanaba de las oficinas donde distintos grupos de trabajo se concentraban en los infinitos aspectos que no se podían descuidar. Era un negocio que calculábamos superaría los 200 millones de dólares, la mitad de la facturación de IBM Argentina de un año entero.

A mi pedido, Steve Lew permaneció en Buenos Aires hasta la presentación de la oferta. Su supervisión y consejo agilizarían la resolución de cualquier inconveniente posible. Durante los días 30 y 31 de diciembre, y el 1º de enero de 1994, hubo reuniones de revisión con los distintos niveles profesionales de IBM Argentina, y se envió la solicitud de aprobación a IBM Latinoamérica previamente revisada y conformada por Lew.

Aquí tambien aparecen discrepancias entre las declaraciones de los distintos profesionales involucrados en estos hechos, y entre sus dichos y la documentación obrante en la causa. En primer lugar, el proceso de aprobación de una oferta de Integración de Sistemas está descripto en la *Guía de evaluación de riesgos* mencionada anteriormente y en cuya autoría, se dice, Steve Lew tuvo activa participación. En el capítulo 1 especifica que su uso es obligatorio para todas las ofertas y proyectos de Integración de Sistemas en los países de Latinoamérica. El capítulo 2 explicita las responsabilidades de las distintas funciones de la organización de IBM del país y de IBM Latinoamérica en la revisión y aprobación de una oferta de Integración. De su lectura se extrae que la responsabilidad de Steve Lew y del Sector Servicios del país va más allá que la de brindar soporte técnico en lo relativo al IBA de Hogan Systems. Dice que Lew es el responsable de discutir el contenido de la *Guía de evaluación de riesgos* con la organización de Servicios del país, en este caso a cargo de Juan Carlos Martínez. Los capítulos 4 y 5 enumeran taxativamente los conceptos de riesgo que deben analizarse, los parámetros específicos para determinar si se trata de un caso de bajo, medio o alto riesgo para cada rubro, y las sugerencias sobre medidas a tomar para reducir riesgos o para su eliminación. El punto 5.8 del capítulo 5, titulado "Participación y compromiso de los subcontratistas", indica un prerrequisito para calificar el proyecto como de Riesgo Medio: "Todos los subcontratistas son conocidos por IBM y se ha llegado a un acuerdo escrito de precio fijo con todos los proveedores principales que cubra los alcances del proyecto y las tareas asignadas a cada uno".

En el capítulo 6, "Lista de verificación de riesgos", se adjunta una matriz con los veintiún conceptos de riesgo que se deben evaluar obligatoriamente para todo proyecto donde IBM actúa como contratista principal, como en este caso. Cada uno de estos conceptos debe evaluarse como de riesgo alto, medio o bajo de acuerdo a las instrucciones de los capítulos precedentes, y a partir de su análisis se califica el riesgo del proyecto. El concepto 17 de esta matriz es Involucración y Compromisos de los Subcontratistas y fue calificado como de riesgo medio, según consta en el documento denominado *Hot Case* preparado por la organización de IBM Argentina con la participación de Steve Lew. *Esto quiere decir que el concepto Subcontratistas fue revisado y calificado por el equipo revisor.*

Esta línea de razonamiento, basada exclusivamente en el manual de procedimientos de IBM Latinoamérica para este tipo de proyectos, en el nivel profesional de los gerentes y técnicos que participaron en la revisión, y la involucración activa de Steve Lew, que me expresara personalmente su aprobación a la oferta, son los elementos que me llevan a afirmar que la posibilidad de usar el SBL como solución de emergencia temporaria fue analizada y aprobada con el resto de los elementos de la propuesta.

Debo señalar que no existe ni existió ninguna oferta o presupuesto de CONSAD que cubra los servicios contratados posteriormente a CCR, por lo tanto, no puede admitirse la presunción de que el señor Lew haya aprobado una oferta diferente a la que en definitiva fue presentada. Los únicos presupuestos que respaldan los valores que constan en el caso de precios de IBM Argentina revisado por Steve Lew el 31 de diciembre de 1993 son los de CCR, Availability, CONSAD e ITRON, todos en la documentación de la causa.

Por otra parte, en la reunión del 31 de diciembre de 1993, según consta en el informe de auditoría presentado por el señor Oscar Girón frente a los señores Steve Lew, Dante Cento, a cargo de la Vicepresidencia de Finanzas en ese momento, Juan Carlos Martínez, José Salamanca y otros profesionales, se revisó el ejercicio de precios que respalda la oferta presentada. En esa reunión, los asistentes dicen haber observado un resumen consolidado del componente de costos de proveedores que totaliza más de ciento cincuenta millones de dólares en la oferta. ¿Es creíble que un conjunto de profesionales reunidos para aprobar una oferta al negocio más importante de la historia de la empresa lo hagan sin preguntarse qué y a quién se compran más de ciento cincuenta millones de dólares? En ninguna declaración ni en ningún documento figura una mención a que el presupuesto de CCR fuera secreto o que yo hubiera dado orden de no divulgarlo.

Actitudes llamativas

Por otra parte, en su declaración indagatoria, Gabriel Murman dice que la primera vez que oyó el nombre de CCR fue en la madrugada del día 3 de enero de 1994, horas antes de la presentación al Banco de la oferta de IBM. Durante esa madrugada, "Neira le comentó que la parte de la oferta correspondiente a CONSAD se desdoblaría, siendo una parte de ésta y otra de la mencionada CCR, que era una empresa del mismo grupo empresario. Esta circunstancia no le llamó la atención. Por otra parte, desconocía en forma absoluta los montos a abonarse a una y otra de las empresas mencionadas".

Es evidente que confirma que en IBM se percibía, quizás equivocadamente, a CONSAD y CCR como parte de un mismo grupo. En todo caso no es una percepción exclusivamente mía.

En cuanto al desconocimiento sobre los montos, sólo puede ser atribuible a su falta de inquietud en preguntar, ya que todos los datos estaban en la documentación y él no dice que se los hubieran negado. Además, Murman reconoce que se enteró de la existencia de CCR en el momento en que él, como Gerente Apoderado de IBM Argentina, estaba firmando una oferta de 250 millones de pesos para presentar a la licitación. Ese era el momento preciso para pedir todas las aclaraciones sobre cualquier tema que considerara no suficientemente claro o conveniente. ¿Es aceptable que esta superficialidad en el cumplimiento de una responsabilidad básica gerencial sea pasada por alto por la empresa en su proceso de revisión del negocio? La Corporación no mencionó este error gerencial.

También en su declaración dice Murman que "escuchó nuevamente hablar de CCR en el mes de marzo de 1994, cuando Gustavo Soriani le solicitó que firmara el documento de negocios fechado el 29 de diciembre de 1993". Respecto de este documento dice que "recuerda que Soriani le requirió su firma, y le exhibió el documento citado, haciendo un comentario referido a que con la firma del mismo quedarían cubiertos ante la eventualidad de una auditoría interna, explicándose de ese modo la forma de contratación de 'socios solidarios', inédita para ese entonces en IBM". En cuanto al contenido del documento, afirma que "recién pudo leerlo en el año '95 ya que en aquella oportunidad no lo hizo pues se trataba sólo de cubrir una instancia interna de la empresa".

Muchas veces me he preguntado cómo puede ser que aquel a quien la empresa le ha otorgado el poder para comprometerla en un negocio de 250 millones de dólares, reconoce haber firmado una nota predatada con el único propósito de generar un documento que engañe a los auditores, y no recibe ninguna sanción disciplinaria. Tampoco puedo explicarme cómo un gerente con más de 25 años de experiencia en la compañía dice haber firmado una nota sin leerla, y tampoco recibe una sanción por ello. Sobre todo cuando al mismo tiempo afirma que la nota se refería a una forma de contratación sin precedentes en la empresa. Como premio a este desempeño, Murman permanece en su posición gerencial en la empresa, y ésta se hace cargo de su defensa en la causa.

Por otra parte, el señor Juan Carlos Martínez, Director de Servicios de IBM Argentina, declaró que su intervención en el Proyecto Centenario comenzó a fines de octubre o principios de noviembre de 1993. También dice que su departamento tuvo un papel de mera asistencia administrativa en toda la contratación de los proveedores. Más adelante, ante la pregunta de si en el contexto de su conversación conmigo él me preguntó por qué razón aparecían dos nuevos socios solidarios (CCR y Availability), respondió que no tenía ninguna autoridad para cuestionar dicha selección.

Pues bien, también aquí me he preguntado insistentemente cómo puede aceptar la empresa que un director responsable de un área de negocios diga que no intervino en un caso de semejante envergadura hasta que se publicó el pliego (cuando faltaban solamente 40 días para presentar las ofertas), y que su intervención se redujo exclusivamente a la de dar mera asistencia administrativa. Tampoco entiendo cómo un gerente de ese nivel dice que "hay algo que le llama la atención" y confunde preguntar con cuestionar. Ningún empleado está obligado a aceptar algo con lo que no está de acuerdo, o sobre lo que no recibe las explicaciones que requiere, y menos un Director. Es cierto que yo tenía el poder de decidir hacer algo aún en contra de la opinión de Martínez, pero su disidencia debió constar en el documento o por lo menos debió haberse negado a firmarlo.

En oportunidad de su declaración testimonial, Ricardo Caracciolo, Auditor de IBM Argentina, presentó el documento llamado Requerimiento de Compras para CCR, documento formal interno con el que se inicia la tramitación de compras. En dicho documento figura la División Banca y Entidades Financieras, cuyo director era Salamanca, como departamento que requiere la contratación y el Departamento de Compras de Integración de Sistemas como responsable de llevarla a cabo. Este se encontraba dentro de la organización de Servicios, cuyo Director era Juan Carlos Martínez. Ese documento fue aprobado por Julio Lanzani, por Oscar Sant Ambosio, por Juan Carlos Martínez y por mí. El documento no dice que haya habido reservas u oposiciones a su firma.

En el transcurso de su declaración, Caracciolo afirma que "el sistema automáticamente requiere las sucesivas aprobaciones que según tablas internas están pautadas. En este caso, los que aprueban son Lanzani, Sant Ambrosio, Martínez y Soriani, sucesivamente... Sin la existencia de esta orden, el sistema no admite en condiciones normales la emisión de pagos".

Está claro entonces que la aprobación viene de abajo para arriba y que nunca el subordinado puede aducir que firmó una autorización porque de todas maneras se requería la firma de su superior. La intervención del gerente de nivel superior es para revisar y autorizar lo previamente revisado y aprobado por el profesional de nivel inferior, y nunca releva a éste de su responsabilidad. También está claro que la intervención de cada uno de los nombrados surge de tablas internas que responden a los procedimientos que la compañía tiene establecidos para el manejo de estos casos.

Por otra parte, en la declaración testimonial de Horacio López, Gerente de Control de la División Banca, cuando le preguntan quién aprobó la orden de compra de CCR dice que "por ser un servicio, operativamente le corresponde la firma a la línea de Servicios y también al Vicepresidente de Finanzas. Preguntado acerca de quiénes integraban la línea de Servicios y quién era el Vicepresidente de Finanzas, para aquella época, responde que Oscar Sant Ambrosio, Juan Carlos Martínez, Julio Lanzani y Javier Orcoyen".

Me pregunto: si la base de la presunta defraudación es la inclusión del SBL, ¿pude haber sido exclusivamente yo el responsable de esa acción que fue revisada y aprobada por tanta gente? Aparte de ser el único que sostiene que la contratación de CCR se hizo por los canales normales de la empresa y que todos los gerentes y profesionales locales e internacionales que debían autorizarla lo hicieron, no he podido encontrar otra diferencia entre lo que yo sostengo y lo que sostienen aquellos a quienes la compañía aún mantiene en sus filas y se hace cargo de su defensa legal.

El testimonio de Caracciolo, que tiene el valor de ser el de uno de los auditores que revisaron lo actuado, es también coincidente con las manifestaciones de los mismos actores. Juan Carlos Martínez, tras indicar durante su declaración testimonial que la intervención de su departamento era un rol de mera asistencia administrativa, agrega que "las actuaciones debían de todas maneras ser remitidas a la Vicepresidencia de Finanzas, quien debía aprobar o no, firmar las órdenes de compra o no, de aquellas contrataciones que, como en este caso, superaban los $200.000, es decir, se preveía una excepción que debía ser aprobada o no por la funcion de control y firma, función de la Vicepresidencia de Finanzas". Otro ejemplo de una declaración donde después de dejar en claro que el declarante no estuvo involucrado en la decisión implementada, explica que ésta requería de aprobaciones que excedían mi ámbito de control y cuya intervención estaba destinada a decidir si la compra se efectuaba o no. ¿Cómo se puede compaginar esta declaración con el comunicado oficial de la empresa cuando me adjudica a mí responsabilidad por acción, y a Martorana y Orcoyen por omisión? ¿Qué norma interna no se cumplió si el auditor no encontró ninguna irregularidad? ¿Por qué soy responsable yo de lo que aprobó Orcoyen?

El SBL como provisión innecesaria

Muchas voces se han alzado identificando la contratación del SBL como una provisión innecesaria al Banco Nación, constituyendo de este modo un sobreprecio que habría generado un perjuicio a dicha institución y un beneficio a terceros.

En este punto, me parece fundamental aclarar que la oferta de IBM era por la provisión, instalación, adecuación y puesta en marcha de un sistema bancario basado en las aplicaciones IBA de Hogan y SFI II en Casa Central y la totalidad de las sucursales del Banco en el territorio nacional. Este trabajo fue el que se cotizó, el que fue evaluado por el Banco de acuerdo a la propuesta presentada en la licitación y el que el Banco decidió adjudicar mediante resolución de su Directorio el 17 de febrero de 1994, por el precio fijo cotizado.

El SBL no formaba parte de la oferta, no fue descripto en la misma ni fue utilizado como argumento de venta para influenciar la decisión del Banco en favor de la propuesta de IBM. Como fuera explicado con anterioridad, la fijación del precio se realizó siguiendo los procedimientos normales de IBM que contemplan un ejercicio donde se evalúan datos del mercado, la competencia, el valor que la solución tiene para el cliente, los costos estimados, los riesgos que se asumen, la posibilidad de aparición de eventualidades durante el desarrollo del proyecto, etcétera.

La contratación con la empresa CCR fue posterior a la adjudicación de la licitación, y se realizó después de que el precio de 250 millones ya hubiera sido fijado entre IBM y el Banco Nación.

Se presenta la oferta

El 1º de enero de 1994 IBM Argentina recibió un mensaje firmado por Steve Lew desde Buenos Aires, informando que Marcio Kaiser, Director a cargo del área de Integración de Sistemas en IBM Latinoamérica, aprobaba la presentación de la oferta. Este era el prerrequisito indispensable para presentarla al BNA.

Llegó el 3 de enero, el día de la apertura de ofertas en el Banco Nación. Todos los empleados dedicados día y noche al Proyecto se desplomaron agotados: por fin podrían dormir. IBM Argentina y TTI presentaron ofertas, ambas constituidas por un sobre número 1 con la información técnica y un sobre número 2 con la cotización. Las dos ofertas fueron analizadas por un equipo técnico formado por el Banco y Deloitte. Este análisis culminó el 27 de enero con un dictamen de la gerencia de sistemas del banco, a cargo de Héctor March, donde tras efectuar un detalle de las causas que justificaban el rechazo de la oferta de TTI, se informó que la de IBM cumplía con los requerimientos del pliego de condiciones. IBM quedó preclasificada. Festejamos llenos de satisfacción y alegría; el esfuerzo y el agotamiento habían valido la pena.

La Subsecretaría de Sistemas de Información

De acuerdo a los antecedentes que figuran en el informe de la Auditoría General de la Nación, el 8 de febrero de 1994 el Banco Nación le envió una nota a la Subsecretaría de Sistemas de Información solicitando la evaluación de las ofertas presentadas. Este organismo, dependiente de la Secretaría de la Función Pública, era el encargado de dictar las políticas y aprobar las contrataciones de todo lo referente a sistemas de información en el ámbito del Estado nacional. Una creación del llamado gobierno de la Revolución Argentina, cuando un compañero de armas del presidente Onganía lo convenció de la necesidad estratégica de un control sobre el desarrollo de esta actividad en el ámbito nacional, que había tenido hasta ese momento una historia despareja.

En los gobiernos militares, normalmente servía como destino de algún descolorido oficial de los mandos intermedios al que se le reconocían inclinaciones tecnológicas, que usaba su poder para decir sí o no a las contrataciones informáticas del Estado. En los gobiernos civiles, había sido un instrumento más de la burocracia para montar esa maravillosa máquinaria de impedir que todos conocemos. En ninguno de los dos casos había cumplido con los ambiciosos enunciados que le habían dado origen, y su función había pasado sin pena ni gloria por los ámbitos de la presidencia, del Ministerio de Economía en la época de Gelbard, del Ministerio de Planeamiento con Díaz Bessone y de la Secretaría de Planeamiento con el brigadier Miret.

Tuvo épocas de gloria en los comienzos del gobierno radical, cuando, colocada bajo el ámbito de la Secretaría de Ciencia y Tecnología, a cargo de Manuel Sadosky, se concibió la idea de un proyecto industrial de fabricación de productos informáticos local. Este proyecto, dirigido ideológicamente por Roberto Zubieta, quien había participado personalmente del proyecto similar desarrollado en Brasil, tuvo también soporte de Carlos Lacerca, primer Secretario de Industria de Alfonsín, y fue posteriormente llevado adelante durante la gestión de Roberto Lavagna. En esos momentos de euforia del Plan Austral, se lo presentaba como uno de los proyectos que permitirían a la Argentina sentarse a la mesa de los grandes del mundo para discutir de igual a igual el futuro de la tecnología.

Cuando la realidad de la industria y el fracaso del Plan Austral derrumbaron los sueños de grandeza de este grupo ideológico, la Subsecretaría fue trasladada al ámbito de la Secretaría de la Función Pública, donde el sociólogo Luis Sthulman le pondría mucha más sensatez a sus objetivos y funciones.

En el momento de la asunción del doctor Menem, la Subsecretaría quedó bajo la órbita de Gustavo Beliz, como Secretario de la Función Pública, quien designó a su cargo a un analista de sistemas sin mayores antecedentes, el licenciado Franchino. La función se trasladó con ellos al ámbito del Ministerio del Interior, para volver a la

Secretaría nuevamente con la llegada de Claudia Bello.

Bello llegó con dos asesores de su confianza, Carlos Puccio y Gastón Figueroa Alcorta, que sin asumir funciones en el organigrama la asisten en todos los temas, entre ellos el informático, sobre el que ninguno de los tres tiene experiencia previa. A poco de asumir, se designa a cargo de la Subsecretaría a Francisco "Pancho" Figueiras, un informático del peronismo de la Capital, cuya última asignación había sido la de Director de Sistemas de la Municipalidad de Buenos Aires.

Figueiras es entonces el funcionario abocado a la revisión y aprobación de lo actuado por el Banco Nación. El es quien firma la respuesta de la Subsecretaría, el mismo 8 de febrero, sin efectuar observación alguna y adhiriendo al criterio seguido por las autoridades del BNA.

El 10 de febrero, el directorio del BNA deja constancia mediante un despacho de que, *"habiendo transcurrido los plazos legales, no se han recibido impugnaciones a la preadjudicación. Consecuentemente ha resultado preseleccionada la firma IBM para la apertura del sobre número 2 por ajustarse al pliego de condiciones en cuanto a lo solicitado en el sobre número 1"*. Volvimos a festejar.

El monto máximo de inversión

En este punto quiero abordar un tema que ha sido manejado confusamente, cuando no con mala intención, en la forma en que se ha interpretado la cotización de IBM.

En el punto 2.3.18 del pliego de condiciones dice: "El Banco ha establecido un monto máximo de inversión —MMI— para este proyecto que quedará documentado dentro de un sobre sellado y lacrado, que se depositará dentro de la caja de seguridad de la institución con intervención de escribano público nacional, quien procederá a la guarda del mismo y a la confección del acta respectiva". Durante el año 1994, en las reuniones de revisión de avance del proyecto, el doctor Dadone me contó que la idea del MMI había surgido por el temor a que hubiera pocos oferentes en la licitación, por la complejidad del tema, y que entre esos pocos se produjera una cartelización del precio.

El mecanismo del MMI funcionaba entonces como una oferta más, ya que si al abrirse el sobre número 2 de la empresa preclasificada primera, su oferta superaba el MMI, se descartaba y se pasaba a la preclasificada segunda, que también debía estar por debajo de dicho precio. De manera que el MMI actuaba como un límite máximo de precio, pero no obligaba al Banco a adjudicar una propuesta por el solo hecho de estar ésta por debajo del mismo.

Como en el caso de la cláusula de pago para los socios solidarios, este ingrediente colocaba una exigencia más a los oferentes sin darles ninguna ventaja a cambio. Sin embargo, el hecho de que la cotización de IBM Argentina hubiera estado en un valor cercano al MMI dio motivo a todo tipo de lucubraciones.

El ejercicio realizado por LOGICA Inc., una empresa internacional de instalación de Hogan, demuestra también, con datos de la realidad del mercado informático, que el valor asignado al MMI es razonable. El estudio realizado por la Auditoría General de la Nación que estima el costo razonable en

185 millones no toma en cuenta algunos detalles del plan de implementación que llevarían el cálculo, respetando sus presupuestos básicos, a cerca de 240 millones.

La adjudicación

El 17 de febrero de 1994, mediante resolución del Directorio del Banco Nación, se dispuso la adjudicación de la licitación 60/93 a la firma IBM Argentina por ajustarse a lo solicitado y no superar el monto máximo fijado por el Banco. El 24 de febrero se suscribió el respectivo contrato; por IBM Argentina firmó Gabriel Murman, por un monto total de 249.997.457,10 dólares más IVA y una duración de veinticuatro meses. Por el Banco Nación, Alfredo Aldaco.

En el negocio tradicional de IBM, éste hubiera sido el momento del gran festejo final. En un contrato por equipamiento, sólo quedaba entrar en el sistema de puesta de órdenes en las fábricas, esperar la llegada de las máquinas a Ezeiza, y de allí enviarlas al centro de cómputos del cliente donde los técnicos de IBM las conectaban, y generalmente arrancaban. De ahí en más el problema era del cliente, que tenía que hacer funcionar el *software* de aplicación y lograr luego la implantación del nuevo sistema en su organización.

En un contrato llave en mano y con alto contenido de servicios, el problema recién aparece con la firma del contrato. A partir de ese momento, después de formalizar los contratos con los proveedores, comienza la tarea de armado de los grupos de trabajo. Quiero reiterar que en este momento de la transacción, cuando el precio fijado entre el Banco Nación e IBM Argentina ya había sido establecido y no era susceptible de variación, ninguno de los proveedores potenciales, ni los socios solidarios, ni Hogan, tenían un compromiso contractual formalizado con IBM. Todas las decisiones que ligan a IBM con sus proveedores se instrumentan a partir de la adjudicación, por lo que ninguno de esos acuerdos puede implicar un perjuicio para el Banco, que ya estaba comprometido a pagar un precio fijo independientemente de lo que IBM hiciera con sus proveedores.

Una vez firmados los contratos respectivos entre el BNA e IBM Argentina en los que se acordaba el precio fijo a percibir por la tarea comprometida, IBM Argentina se abocó a la contratación de los recursos humanos y materiales y de los servicios necesarios para llevar adelante el proyecto. Estas decisiones de contratación, que forman parte del desempeño de las tareas propias de todo integrador, no afectan en nada su relación con el Banco ya que las condiciones de la relación comercial entre IBM y el BNA ya habían sido fijadas. La orden de compra de CCR se emitió el 22 de abril de 1994, dos meses después de haber firmado el contrato con el BNA, donde se estableció el precio de 250 millones de dólares.

Si IBM Argentina no hubiera contratado el SBL, el BNA igual hubiera tenido que pagar los 250 millones de dólares por la instalación de Hogan, porque así lo había acordado con la adjudicación de la licitación y la firma del contrato.

Si la línea de razonamiento que considera al SBL una provisión fuera válida, podría también sostenerse que IBM obligó abusivamente al Banco a pagar por la estructura de su Casa Matriz, por los sueldos de sus funcionarios y ejecutivos que pueden ser considerados excesivos, por la infraestructura de sus oficinas que podrían considerarse un lujo prescindible, o todo otro gasto en que la compañía incurre sin consultar ni explicitar al BNA y cuya incidencia en los precios del proyecto son incuestionables.

La contratación de los demás proveedores se llevó a cabo a través de los mismos procedimientos descriptos para la de CCR, y con idénticas aprobaciones. Pero, al no haber surgido ninguna objeción pública con respecto a dichas empresas proveedoras, estas contrataciones son reconocidas como válidas por todos los firmantes y no han sido objetadas por las autoridades de La Corporación.

Curioso criterio para evaluar el cumplimiento de las normas internas.

Comienza la implementación

Simultáneamente con la gestión administrativa de las contrataciones, se fue conformando el equipo de trabajo del proyecto. Las tareas a encarar eran de alta complejidad y el plazo para hacer funcionar la modernización comprometida, dos años; había que contratar un director de proyecto que hubiera transitado por la experiencia de implementar un sistema de esta envergadura con anterioridad. No fue fácil encontrarlo. No teníamos en la organización de IBM Argentina un profesional con esa experiencia, y los candidatos en el mercado local, a quienes les ofrecí doscientos cincuenta mil dólares por la tarea, no aceptaron porque lo veían demasiado complejo y riesgoso. Decidimos entonces buscarlo en algún país de habla hispana, para facilitar la comunicación con el personal del Banco, que en muchos casos no dominaba el idioma inglés.

A través de la información que le brindara la organización internacional de IBM para Banca, "Joe" Salamanca logró detectar un profesional español que reunía las características requeridas: Rogelio Mainar. Así fue como el Proyecto Centenario pasó a tener un director de marcado acento castizo, quien puso como condición para venir que dos de sus más cercanos colaboradores lo acompañaran. Rogelio había pasado por la experiencia de sistematización de uno de los bancos visitados por el personal del BNA durante los estudios previos, y si bien no era un experto en Hogan, sabía de los desafíos de implementar un sistema de esta envergadura.

El proyecto tuvo demoras iniciales importantes. Pasaron meses de discusiones hasta que el banco pudo proveer un lugar físico que tuviera las condiciones mínimas de confort para los profesionales que tenían que trabajar largas horas allí. También se planteaban peleas mucho más domésticas pero igualmente desgastantes y consumidoras de tiempo, como quién pagaba las cuentas de los teléfonos ubicados en el recinto donde trabajaba el equipo del proyecto, quién se hacía cargo de proveer el papel de impresión que se consumía en el centro de cómputos, y así seguía una lista interminable de pequeñas disputas, que sumadas implicaban importes millonarios, y para las que resultaba difícil obtener respuestas con poder de decisión en el personal del Banco.

Una de las causas que más influyeron en perjudicar la relación del personal del integrador con el personal del Banco fue que entre estos últimos se había generado la sensación de que el integrador era alguien que tomaba el banco por asalto y al cabo de veinticuatro meses entregaba un banco nuevo funcionando. Esta realidad, resultante de asociar un proyecto de integración a una obra civil donde el constructor cerca el terreno y devuelve la casa terminada, es totalmente equivocada cuando se la aplica a una integración de sistemas donde el producto final no es solamente equipos y programas funcionando sino también la operación del banco transformada, incluyendo a su personal reeducado y a sus normas y procedimientos ajustadas al nuevo sistema.

Para ello, no solamente es necesario hacer instalaciones de equipos y adecuaciones de programas sino que las aplicaciones deben satisfacer un enfoque nuevo del banco, y éste debe colaborar en definirlo. Debe también transitarse por un proceso de reemplazo progresivo de la vieja estructura de sistemas por la nueva arquitectura elegida, que inevitablemente afecta la operatoria diaria normal. Para realizar estas tareas de manera eficaz es necesaria una profunda involucración de personal ejecutivo y operativo del banco. El proyecto no puede ser el del integrador con los funcionarios y empleados del banco en actitud de espectadores y jueces del producto final entregado.

Esta diferencia de actitud consumió una gran parte de los esfuerzos y energías del equipo de trabajo, y produjo mucho desgaste entre las personas de ambas organizaciones.

Otro factor importante de demora lo produjo el hecho que el BNA había incluido en su contrato con Deloitte, por el que ésta se hacía cargo de la supervisión de la marcha del proyecto, una cláusula que indicaba que todas las certificaciones de avance debían ser previamente avaladas por la consultora. Deloitte se hacía patrimonialmente responsable de que el sistema finalmente instalado estuviera implementado con el último nivel de tecnología disponible. La presión de la responsabilidad patrimonial en un tema como el de sistemas, donde las discusiones sobre el estado del arte o la última técnología pueden ser interminables, contribuyó a agregar un factor más de demora en el avance.

Por último, quizás el factor fundamental de retraso estuvo centrado en el hecho de que para implementar un cambio tan radical en la estructura de sistemas del Banco, es necesario tener una visión muy clara del modelo de banco que se quiere construir. Este modelo también está condicionado por las facilidades que le ofrece a la institución el sistema de información a instalar. El trabajo de redefinición del banco y de su operación al final del proceso, cuando lo que se implementa es una aplicación tan compleja y sofisticada como el IBA de Hogan, requiere de un proceso interactivo entre el grupo del integrador, la consultora y el banco, que no fue correctamente planteado ni entendido en el comienzo del proyecto por ninguna de las tres partes.

La combinación de un integrador que se desespera por certificar avances que le posibiliten cobrar facturas, una consultora que trata de certificar lo menos posible hasta que no está absolutamente segura de que nunca va a enfrentar una demanda futura por parte del banco (aspiración casi imposible de lograr), y el personal del banco que siente que su rol es esperar que al cabo de dos años le entreguen un banco transformado, es una mezcla altamente explosiva. Tras meses de desentendimientos y justo cuando se empezaba a producir un ámbito de comprensión y acuerdo, el impacto de las denuncias públicas sobre las presuntas infracciones fiscales de CCR y su hipotética relación con ilícitos en el proyecto explotó como una granada.

La transformación de Gerstner

MIENTRAS NOS EMBARCÁBAMOS en, como se repitió hasta el hartazgo, el proyecto informático más ambicioso del subcontinente, en IBM Internacional la crisis había llegado a su punto más crítico y se estaban produciendo profundas definiciones y cambios sorprendentes.

El recambio generacional de IBM Argentina coincidió, por casualidad, con la destitución del Nº 1 de La Corporación, John Akers, y su reemplazo por el Nº 1 de Nabisco, ex American Express y ex Mc Kinsey, Louis Gerstner. Su desembarco fue el Vietnam de la burocracia de IBM, que por primera vez tuvo que aceptar que no tenía entre sus filas a alguien capacitado para reencauzar el destino de la compañía.

Ya vimos cómo el éxito llevó a una organización considerada ejemplo de calidad en el manejo gerencial a crear un ambiente de desprecio por el mercado y por las condiciones externas, y a concentrarse exclusivamente en su mundo y su política interna. Este proceso de autismo y de decadencia se fue desarrollando a través de los años, y no sería justo achacárselo íntegramente a John Akers. En realidad, es más cierto decir que fueron sus antecesores los que crearon las condiciones para que la crisis se desencadenara durante su reinado.

Akers, un piloto distinguido durante su servicio en la Fuerza Aérea norteamericana, era un típico producto de la cultura IBM que había acostumbrado a sus ejecutivos a las comodidades del éxito. Como tal, no fue capaz de conducir con energía y decisión la transformación necesaria para corregir el rumbo de un gigante que tambaleaba. La empresa se había sobredimensionado en todas sus áreas y urgían cortes profundos de estructura, cancelación de programas que se habían anunciado con toda pompa, abandono de prácticas de personal que habían sido impuestas por Watson en otras circunstancias históricas. Una verdadera revolución interna.

Para quien había sido criado en el bienestar permanente resultaba muy difícil tomar medidas tan desagradables. Implicaban afectar la vida y el futuro de quienes habían compartido con él años de lucha y crecimiento, rebelarse contra tradiciones impuestas durante más de sesenta años, digerir la mala prensa que esta estrategia iba a generar. Se requería un verdadero piloto de tormenta. Akers, que había demostrado su valor conduciendo un avión en combate, no fue capaz de superar este desafío.

Una de las enseñanzas más importantes que dejó la crisis de los 80 fue que una organización competitiva debe tener delegada la toma de decisión en los niveles más bajos posibles, que cuentan con la información y el conocimiento técnico necesarios para tomarla. Es el único modo de tener el tiempo de respuesta que requiere el mercado y de asegurarse que las decisiones se toman sobre la base del conocimiento del problema y no de la política interna de la empresa. Todos hemos oído hablar en estos tiempos de la famosa "reingeniería de los procesos". Un objetivo clave de este ejercicio es el de establecer procedimientos operativos que lleven la capacidad de decisión al más bajo nivel posible, eliminando así instancias innecesarias de gerencia intermedia.

Para esto era necesario destruir una estructura piramidal monolítica que se autosostenía sobre la base de las relaciones personales que se habían generado durante años de trabajo conjunto. Era imprescindible traer a alguien que no debiera favores y que no tuviera vínculos con esa estructura ni emociones que confundieran la claridad de las decisiones que debían tomarse.

Los ejecutivos internacionales se clasifican en dos grupos: la gran mayoría está entre los que gerencian con mayor o menor capacidad organizaciones que están en marcha, pero hay un selecto y reducido grupo cuya especialidad es dar vuelta organizaciones en crisis. Este tipo de ejecutivo, cuya figura más publicitada es probablemente Lee Iacocca, el héroe de la recuperación de Chrysler, es el mejor remunerado del mercado y generalmente no sobrevive al cambio que él mismo genera. Una vez provocada la transformación y llegado el momento de arrancar la etapa del crecimiento y la consolidación, pierden el placer y la excitación y ceden el paso a algún integrante del primer grupo de ejecutivos.

Gerstner y el equipo que llevó a IBM para

acompañarlo impulsaron este cambio estratégico. Su brazo derecho fue Jerome York, quien, a cargo de las finanzas, mostraba como principal antecedente el haber sido el artífice de la recuperación financiera de Chrysler en los años de Lee Iacocca. La burocracia corporativa, acostumbrada a complacer a su jefe, pero asustada por los mensajes y las muestras de impiedad del nuevo rey, comenzó a proclamar el cambio con la convicción de los conversos. Sin embargo, hacia adentro seguía añorando la comodidad y los placeres del pasado.

Los ajustes fueron tremendos y no se respetaron antecedentes ni tradiciones. El desánimo se había instalado hasta tal punto en La Corporación que se hacía difícil retener a los empleados valiosos, y prácticamente imposible reclutar a los mejores egresados de las universidades prestigiosas, que preferían ingresar en empresas con mejor imagen.

El nuevo *team* definió cuatro prioridades fundamentales:

* Ser rentable.
* Volver a ser competitivos.
* Aumentar el valor del accionista.
* Crecer.

Gerstner terminó con el *full-employment*, una práctica que arrancaba en los orígenes de IBM, por la cual ésta le aseguraba un trabajo de por vida a todos sus empleados, independientemente de los vaivenes del negocio. La nueva conducción impuso un nuevo concepto: "No puede haber ninguna fidelidad que se anteponga a la fidelidad al accionista. Los empleados vienen después". Si por asegurar un empleo de por vida a los empleados generamos pérdidas, la empresa desaparece y *todos* nos quedaremos sin empleo. Si la gravedad de la situación lo requiere, es necesario que algunos pierdan el empleo para que lo conserven los demás", remataba.

En la era Gerstner, *resultado* pasó a ser la palabra mágica. Por primera vez en la historia se fijaron objetivos de gastos absolutos que ninguna organización estaba autorizada a superar. La prioridad era recobrar la rentabilidad a cualquier costo, aunque para ello fuera necesario perder participación en el mercado: "No puede existir una empresa sin ganancias. Recobremos la rentabilidad y después pensemos en crecer".

Los mensajes de Gerstner eran simples y llenos de la lógica y la sensatez más pedestre, lo que demostraba cuán distorsionada estaba la capacidad de entender la realidad de la conducción anterior. Sin embargo, a pesar del firme propósito de desmontar el enorme aparato de ineficiencia que se había desarrollado en la compañía a través de muchos años de éxito asegurado e ininterrumpido, hubo algunos principios sagrados que se mantuvieron firmemente. Uno de ellos fue el esquema de fluida comunicación interna, que incluía el Hable Francamente y el *Open Door*. Estaba claro que en una empresa de la dimensión de IBM es siempre necesario mantener canales de comunicación que permitan evitar arbitrariedades o injusticias en el manejo de los negocios o en el trato al personal.

En sus constantes arengas a las huestes, Lou se encargaba de hacerles saber que para él los negocios son como la guerra y el competidor es quien trata de sacarnos el pan de nuestros hijos. Me contaron que en una de las reuniones que solía hacer con todos los gerentes generales de los países y los principales ejecutivos del *HQ,* Gerstner anunció que se había autofijado el objetivo de llevar la acción de IBM en la Bolsa de Nueva York de 60 dólares, su valor en ese momento, hasta los 100 dólares. Con un tono cuidadosamente estudiado y propio de los predicadores, fue describiendo cómo con el soporte y el compromiso de todos los presentes ese objetivo era posible, y con el puño en alto, al más puro estilo de los que encabezan las cargas de caballería, comenzó a repetir como un poseído: *"One hundred, one hundred, one hundred..."*. Lo repitió hasta que todo el auditorio, hasta un año antes compuesto por ejecutivos circunspectos, idénticos a los que muestran las tapas del *Forbes,* se puso de pie y respondió al grito de batalla, como un eco: *"One hundred, one hundred, one hundred..."*. Este es el espíritu con que Gerstner encaraba la difícil tarea de la reconstrucción de IBM.

Yo aprendí en este proceso que a los cambios en las organizaciones los empujan los jefes máximos y los niveles inferiores. Unos porque sienten la necesidad de la transformación al detectar la caída en los resultados del negocio por los que son juzgados, y son quienes más rápido sienten que pueden perder su puesto. Los otros porque detectan inmediatamente las fisuras entre los métodos y estrategias de su organización y los requerimientos y necesidades de sus clientes.

Pero en el cuerpo de gerencia intermedia, capaz de explicar los malos resultados echándole las culpas a otros y con suficiente tropa a su cargo como para no poner jamás la cara ante los clientes disconformes, el cambio es un riesgo y una incomodidad. Por lo tanto, se opone.

Como afortunadamente IBM Argentina no había caído en el vicio de engordar su organización de soporte, el recorte fue menos notable que en otras sucursales. Pero en la Casa Central de Latinoamérica el problema tuvo proporciones dramáticas. La costumbre impuesta en La Corporación de reducir su personal abriendo listas de retiro voluntario, con el pago de importantes indemnizaciones monetarias, hizo que el recorte la dejara con lo peor de su dotación. Además, toda vacante imprescindible era cubierta con un sobrante de la organización del *HQ* de Armonk o de IBM USA, que obviamente no le derivaban los empleados más destacados.

Esto explica lo que en mi opinión ocurrió en IBM Latinoamérica: toda la organización, desde su presidente hasta su profesional de menor nivel, forma parte de esa gerencia intermedia siempre dispuesta a culpar a otro, y que raramente visita un cliente si no está seguro de recibir sólo ponderaciones y buenas noticias. Sin poder para nada que no sea transmitir las decisiones que se toman en Armonk, y sin el conocimiento que da el contacto con los mercados, este nivel resulta prescindible. Nunca quedó esto tan claro como en el manejo de los megaproyectos y el escándalo posterior.

Consecuencia del estilo de Gerstner, en la compañía creció la tendencia a delegar cada vez más el armado de las soluciones exigidas por los clientes en los responsables directos de su atención. Lo que había sido el negocio simple y rentable de vender equipos que los clientes necesitaban desesperadamente para resolver sus problemas básicos como facturación o contabilidad derivó en un requerimiento más sofisticado de los usuarios, quienes pretendían que alguien se hiciera cargo de su problema. De ese modo, IBM entró de lleno en el mundo de los servicios.

Otra peculiaridad de los nuevos tiempos fue lo que se dio en llamar la organización matricial. De acuerdo a ese esquema, era necesario formar grupos organizados a nivel mundial por especialidad, de manera que la compañía tuviera un responsable que mirara globalmente las oportunidades y requerimientos para una determinada franja de actividad, más allá del territorio geográfico de un país determinado. Así se asegura que asigne los recursos a las mejores oportunidades, estén éstas en el país que sea. Este mecanismo, utilizado desde siempre por las consultoras internacionales, resultaba terriblemente novedoso en una compañía donde el territorio era una tradición sagrada. El concepto matricial es el que facilita la convivencia de esta idea de globalización por rubro de especialidad con la realidad de las entidades formales que tienen, por ahora, un reconocimiento legal ligado a la geografía. Esto es lo que obliga a tener un único responsable de los resultados de IBM Argentina, IBM Alemania o IBM Japón, quien seguramente tiene sus prioridades en la asignación de los recursos humanos y financieros de su organización, pero que debe encontrar un punto de acuerdo con aquel que mira el negocio de los clientes bancos y entidades financieras desde una óptica mundial.

Resulta difícil explicar este concepto matricial, pero mucho más difícil es ponerlo en práctica en una organización real, donde además de comprender hasta su última implicancia los cambios que trae aparejados, debe lucharse con las pasiones e intereses personales que resultan afectados por las transferencias de poder que se producen con este cambio.

El sistema de compensaciones sufrió, con Gerstner, una transformación radical. En la IBM tradicional, el esquema universalmente aceptado indicaba que los empleados de la compañía tenían una compensación fija mensual, que siempre aspiraba a ser un poco más alta que los niveles similares de las empresas con que se comparaba. Pero ésa había sido una IBM de ganancias aseguradas, y lo que distinguía una buena de una mala conducción era una ganancia muy buena de una ganancia extraordinaria. Quizá la broma más difundida entre los ejecutivos de IBM de esa época gloriosa era que "IBM está hecha a prueba de nosotros".

En esas condiciones el único desafío es aumentar la facturación, ya que a mayor facturación, mayor ganancia. Como los responsables de aumentar la facturación eran los profesionales de ventas, en la IBM tradicional el único personal incentivado con compensaciones variables era el personal de ese departamento. A ellos estaban dirigidos todos los incentivos, los premios, los viajes y los mimos. Por otro lado, de acuerdo al principio de mantener el control gerencial de la operación y de sus riesgos, el porcentaje de compensación variable disminuía a medida que el nivel gerencial involucrado se elevaba. De ese modo, los gerentes revisaban cada uno de los temas con menos ansiedad y más equilibrio, ya que su proporción variable era muy baja.

Pero vemos aquí que la IBM de los últimos años de Akers, la que encontró Gerstner, había cerrado varios ejercicios consecutivos con pérdidas significativas, lo que demostraba claramente que era necesario poner el foco en algo más que en el crecimiento.

En primer lugar, se extendió el concepto de que toda la organización debe tener una parte de su compensación ligada a los resultados de la empresa. No se aceptaba una empresa pobre con empleados ricos. Las ganancias no solamente dependen de la facturación, sino también de los gastos y cualquiera, al margen del área donde se desempeñe, puede actuar sobre ellos. En definitiva se generaliza el concepto de ingreso variable, fijándose como objetivo que en el plazo máximo de tres años todo el personal debe tener un mínimo del 15% de su remuneración atada a algún resultado.

Con todo, la viga maestra de la doctrina del ex hombre de Nabisco iba a estar en un planteo que dinamitaba la idea tradicional de *objetivos* y *resultados*. A partir de su llegada, éstos dejaron de ser un concurso deportivo en el que cada uno jugaba su participación en la próxima convención de ventas. Con Gerstner y York al mando de La Corporación, los "objetivos" fueron declarados *condición de empleo*, o lo que en términos menos eufemísticos debe traducirse como *el que no factura el volumen fijado, está despedido*.

De acuerdo a este nuevo concepto, los parámetros se invirtieron y desde entonces a mayor nivel gerencial se recibía mayor proporción de compensación variable. En el momento de mi despido, yo tenía el 40% de mi compensación anual dependiente de los resultados de IBM Argentina y de IBM Corporation y todos los empleados de Argentina tenían por lo menos el 15% de su compensación ligada a los resultados.

Por último, en este esquema de cambios fundamentales en la cultura de IBM, se terminó definitivamente con la política de listas de precios impuestas por la Casa Matriz, que fue la característica dominante de los años de gloria. Cuando yo ingresé en IBM, la empresa tenía un *Manual de ventas,* llamado "la biblia", donde figuraban todos los equipos que se comercializaban, cada uno con un número índice que significaba los dólares que IBM quería recibir en Estados Unidos por cada mes de renta del equipo en cuestión. La Gerencia de Finanzas del país definía un factor de conversión que cubría los impuestos locales, la inestabilidad cambiaria, la tasa local de interés, los aranceles aduaneros, etcétera. Este factor de conversión era idéntico para todas las máquinas, por lo tanto el cálculo de precios era tan sencillo como inflexible. Al mismo tiempo, aseguraba la rentabilidad porque este precio nunca se rebajaba. Si los costos locales se elevaban, se subía el factor. Si se devaluaba, se subía el factor. Si había recesión y los clientes no pagaban, se subía el factor. Total, igual se vendía.

Este sistema, con ajustes menores, se mantuvo aun durante los años de crisis, y probablemente haya sido una de las causas fundamentales de dicha crisis.

Con un mercado competitivo, la situación cambió. Ya no era posible fijar el precio como resultado de una operación matemática. Ahora había otras alternativas para el cliente, y por lo tanto la competencia y el mercado eran variables a tener en cuenta. A partir de la nueva era se establece lo que se denominó la estrategia del *price to market:* se fijaba un valor objetivo como promedio anual, pero el precio de cada negocio se determinaba caso a caso; así se subía o bajaba el precio objetivo en función de la situación competitiva, del balance entre volumen de ventas y rentabilidad y de todas las variables que los hombres de negocios manejan todos los días, pero que en IBM significaban una revolución total.

Esta tarea ciclópea le ofreció a Gerstner una recompensa por lo menos equivalente. A fines de 1995, a menos de tres años de asumidas sus responsabilidades en La Corporación, Lou había recibido ya en concepto de compensaciones, bonus y premios la suma de 33 millones de dólares, y tenía opciones de compra de acciones que le representaban una ganancia de 30 millones adicionales. Solamente en el año 1995 Gerstner recibió 100.000 opciones adicionales al precio de 74,63 dólares, precio de compra que se mantiene fijo por los próximos diez años. El 8 de agosto de 1996, dieciocho meses después, la cotización de la acción de IBM era de 113 dólares, con lo que la ganancia acumulada por este solo concepto es de 3.900.000 dólares; todavía quedan 102 meses para esperar la valorización. Si la suba fuera de 10% por año, una previsión absolutamente realista y muy por debajo del promedio de la Bolsa de Nueva York, entonces la ganancia será de 11.894.000 dólares. Frente a estos números uno comprende por qué no había piedad en la aplicación de las nuevas reglas.

En una de las corporaciones más importantes y conservadoras del mundo se estaba operando un cambio estructural, instrumentado con la urgencia que requería la certidumbre de que habíamos llegado a un grado de deterioro de tal magnitud, que se volvían creíbles los rumores que hablaban de un *takeover* inminente, e incluso los que auguraban su total desaparición. Aún hoy, después de haber duplicado el valor de 1993 de la acción de

IBM en Wall Street, hay publicaciones especializadas que siguen sosteniendo que estamos en presencia de los últimos estertores de un gigante herido de muerte.

Cómo era la IBM Argentina de 1993

En 1993, IBM Argentina tenía más del 85% del mercado de los clientes grandes, y más del 50% del de los clientes intermedios. En los últimos tres años no había perdido ningún negocio significativo ante la competencia, y la empresa que le seguía en el ranking de facturación en el mercado informático sólo llegaba a menos del 10% de la facturación de IBM.

Todas las empresas de búsqueda de personal ejecutivo tenían a sus gerentes en sus listas, y a pesar de que algunos de los ejecutivos jóvenes más brillantes habían partido para cubrir las oportunidades de progreso que brindaban las empresas recientemente privatizadas, su cuerpo gerencial seguía siendo admirado y envidiado por las otras empresas argentinas.

Había recibido el premio al Mayor Exportador de Productos No Tradicionales durante más de diez años, habiendo llegado a facturar más de 100 millones de dólares por año en ese concepto. Sus productos llegaban a mercados tan competitivos como Japón, Alemania o Francia. Tenía la misión mundial de fabricación de algunos equipos, lo que demostraba la confianza de La Corporación en su nivel de calidad y cumplimiento.

De acuerdo a su propia manera de entender el manejo de una empresa moderna, Ricardo Martorana acompañó su llegada a la presidencia de IBM Argentina con cambios significativos. A diferencia de la gestión de Savanti, marcada por un fuerte liderazgo individual, Martorana impuso una modalidad más colegiada que se expresó en la creación de un Comité Ejecutivo, integrado por él y cuatro directores que elevó a la categoría de Vicepresidentes. Allí se discutían los temas estratégicos, se homogeneizaban las ideas y se analizaba la forma más sensata de adaptar la nueva "doctrina Gerstner" a nuestra peculiar realidad. La tendencia de Martorana a favorecer la circulación de ideas y las decisiones consensuadas resultaba contradictoria con la distancia que impuso al personal, que lo respetaba por su talento pero sabía que a este hombre de fuerte personalidad nunca le temblaba la mano a la hora de tomar decisiones dolorosas.

Su movimiento fue hacia adentro y hacia afuera. La altísima visibilidad que había obtenido Savanti en sus últimos años como Presidente de IBM facilitó la inserción de Martorana en el ámbito político, económico y empresario, donde, sobre la base de su inteligencia y su personalidad extravertida, desarrolló una estrategia activa y consiguió un rápido posicionamiento en el *establishment* local.

La clara visión de Savanti del valor de la especialización permitió que la organización de ventas mantuviera una neta orientación hacia lo que hoy se denomina "segmentos de industria". En buen romance, que tanto los recursos del área de ventas como el resto de la infraestructura estaban organizados en función del tipo de clientes de cada sector: Banca y Entidades Financieras estaba abocado a los bancos, financieras, compañías de seguros, AFJP; Gobierno y Empresas de Servicios Públicos, a las dependencias del Estado, provincia de Buenos Aires, Municipalidad de Buenos Aires y empresas de servicios privatizadas o sin privatizar; Manufactura, Distribución y Proceso atendía a los clientes de esas áreas de actividad. Para aquellos que por su tamaño no requerían un grado de especialización tan elevados, estaba el Sector de Negocios Generales, que bautizamos *Fastway*.

También nos organizábamos por productos IBM: sector de HW (hardware), SW (software), PC (computadoras personales), Servicios y, formando parte de la Vicepresidencia de Operaciones, el *staff* de Comercialización y Administración de Ventas.

La nuestra era también una organización matricial, ya que un mismo cliente podía ser atendido por empleados de diferentes sectores de la compañía según lo reclamara en cada momento: como cliente integral, potencial usuario de un equipo determinado o cliente de un paquete de *software* de aplicación. En definitiva, la idea era tener un responsable por cada línea de ingresos. De ese modo se garantiza que siempre haya alguien desesperado por alcanzar el objetivo de facturación fijado para ese rubro.

El sistema tuvo resultados extraordinarios... mientras funcionó. Resolvimos elevar el nivel jerárquico y de compensación de cada jefe de Sector a montos sin precedentes, y eliminar todos los niveles gerenciales intermedios que arrastrábamos de otras épocas, cuando el criterio era tener un gerente por cada cinco o seis gerentes a cargo. Durante esa época yo tuve lo que el Gerente General de IBM España consideraba lo ideal: trece o catorce gerentes o directores reportando directamente a mí. El español sostenía que "esa es la mejor manera de asegurarte que no te vas a meter en las tareas de ellos y los dejarás trabajar tranquilos. No podrás dedicarle tiempo físico más que a las cosas que ellos te traen y entonces realmente te dedicarás a las funciones propias de un Vicepresidente".

Trabajar así exige gerentes maduros que sepan manejar con independencia y mínima supervisión su área de negocios. Los gerentes a mi cargo hacía rato que declamaban reunir estos requisitos, y pedían una total delegación, como un paso necesario en su progreso personal y profesional. Sin embargo, el proceso judicial iniciado en torno al Proyecto Centenario desterró esas ansias de autonomía. A tal punto que, un día, al terminar de tomarme declaración, realizada luego de que todo el personal de IBM fuera llamado en esta primera etapa, el fiscal de la causa me dijo: "Debo reconocerle que usted es la primera persona de IBM Argentina que reconoce haber tomado una decisión. Hasta ahora, si me guío por las declaraciones de todos los demás, las cosas ocurrieron mágicamente, sin que nadie se diera cuenta. Por lo menos usted se hace cargo de su parte de la decisión y da una explicación del porqué".

La idea del responsable por cada línea de facturación se combinó con otro cambio impulsado por Martorana. Uno de los fundamentos de la IBM tradicional fue lo que se denominó *contention*. Según este mecanismo, la compañía se organizaba en funciones enfrentadas —por ejemplo Ventas *versus* Finanzas— y cada una de ellas presentaba todos los argumentos disponibles en favor de su criterio. En el momento de tomar la decisión, el superior tenía un panorama completo de los pro y los contra de cada postura. La desventaja de este esquema era el tiempo que insumía: el mercado exigía otros ritmos.

Por iniciativa de Martorana, pero con el total apoyo del Comité Ejecutivo, decidimos construir una organización más integrada, con equipos de trabajo formados por representantes de todas las áreas. Eso facilitaba el desarrollo de los negocios y resolvía problemas con velocidad y conocimiento de la temperatura del mercado. El punto débil del reordenamiento era que lo que ganábamos en rapidez de respuesta lo perdíamos en controles, y quizás algo de esto pueda verificarse en los errores cometidos con los dos grandes negocios que hoy están en la picota. Hasta dónde es lógico y beneficioso este sacrificio es un tema que puede debatirse largamente, pero era evidente que algo había que hacer o se perdía el mercado.

Mis energías, además de supervisar el negocio en su conjunto y la marcha de cada uno de los sectores, estaban dedicadas a las funciones de miembro del Comité Ejecutivo, que integraba junto con Martorana, Javier Orcoyen, Roberto Nul, y Jorge Ober, y donde pasábamos largas horas tratando de fijar las estrategias generales que fueran orientando la evolución y transformación de la compañía en el sentido en que se estaba moviendo la industria.

Una de las pocas cosas que Martorana no pudo cambiar fue la histórica hostilidad que impregnaba la relación entre IBM Argentina y Robelí Libero. Con una personalidad más sutil que Savanti —más afecto a los enfrentamientos frontales y sinceros—, Martorana también le hizo sentir al Nº 1 de Latinoamérica el escaso respeto profesional que le inspiraba. Las facturas que Robelí iba acumulando las cobraría, todas juntas, con el desenlace del Proyecto Centenario.

Nuestra concentración en la transformación de IBM Argentina no nos impedía dedicarnos a aspectos más tácticos y hedonistas. Martorana quería cambiarle a la empresa el perfil bajo que arrastraba desde siempre —IBM nunca había tenido cabezas visibles o conspicuas— y posicionarla, y posicionarse, como un referente del mundillo empresario. Los abonos a un palco en el Colón para las funciones del Mozarteum y en el Coliseo para las de Harmonía empezaron a ver desfilar personalidades políticas y empresarias ciudadosamente elegidas. También contratamos un palco en River Plate para doce personas, por cuatro años. Era la excusa perfecta para hacer sociales con las personas que nos interesaban, de una manera más aparentemente casual y relajada, y los directores nos turnábamos para cubrir los eventos. Erman González, Rodolfo Terragno, Horacio Liendo, Horacio Massacessi y Palito Ortega disfrutaron de las comodidades del palco —que tenía un monitor para *replay,* aire acondicionado y cocheras individuales— para ver las eliminatorias del Mundial '94. Algunos de ellos sufrieron desde allí el histórico 5 a 0 de la tarde trágica de Colombia. Incluso Eduardo Duhalde compartió con Martorana la tarde en que Banfield se presentó en el Monumental.

También se impuso más disciplina en la organización; la obligación de cada empleado de marcar el horario de entrada y de salida del edificio, la reestructuración de los beneficios, la cobertura médica y hasta el ingreso a la Presidencia, en el que se instaló una puerta con cerradura electrónica que impedía acceder al área sin identificarse ante la secretaria o exhibir la credencial, fueron algunos de los cambios implementados por Martorana. Todos fueron anulados por Gueiçamburu al día siguiente de asumir el comando de IBM Argentina.

IBM Latinoamérica investiga

CON LA LLEGADA DE TRES EXPERTOS de IBM Latinoamérica en agosto comenzó una nueva etapa del proceso. El *team,* conformado por Steve Lew, David Cartenuto y Ken Foley, llegó a Buenos Aires a principios de agosto y se instaló en el piso 20 del edificio Catalinas.

El piso 20 era toda una institución en la empresa porque desde la inauguración de la torre, a fines de 1982, había sido la sede del poder máximo. Ahí estaba instalada la Presidencia, una amplia oficina en la esquina dc Paraguay y el pasaje Enrique Butty con una vista panorámica al río y la ciudad. A la entrada tenía un grupo de sillones retapizados color verde y una mesa ratona de cristal, que Martorana utilizaba cuando recibía una visita con la que quería generar un clima de mayor confianza e intimidad. Ricardo era extremadamente pulcro y se empecinaba en que su amplio escritorio de madera, sin cajones, estuviera siempre libre de papeles. Sobre una repisa, las fotos de sus tres hijos, y dos cuadritos con tapas de *El Gráfico* donde se lo veía abrazado como un jugador más de Newell's Old Boys, cuando ganó el campeonato. Eran su objeto más preciado, un obsequio trucado que le había mandado Vigil. Su oficina estaba conectada con la Sala de Reuniones, a la que había dotado de los más modernos equipos audiovisuales para las presentaciones.

En el mismo sector, y del lado del río, se hallaba el comedor privado de la Presidencia, donde Martorana solía almorzar cuando recibía invitados. En el ala contraria, del lado del Sheraton, estaban las oficinas de los vicepresidentes, las de los gerentes —que tenían un trato permanente con nosotros— y cuatro salas de reunión. Los visitantes se ubicaron en una de estas oficinas para complementar el trabajo de recopilación de datos y documentación sobre las actuaciones relacionadas con la licitación. Así comenzaron las entrevistas con la gente que había participado del proyecto y los asesores legales.

De acuerdo a los procedimientos tradicionales de la empresa, siempre eran dos los entrevistadores, quienes tomaban cuidadosa nota de lo que les parecía importante. Esos conciliábulos, si bien reflejaban el nerviosismo de una organización que no está acostumbrada a verse envuelta en situaciones dudosas, se desarrollaban en un clima de trabajo informal. Se intentaba reconstruir lo mejor posible los hechos y las reuniones, ocurridos dos años atrás.

Mi contacto esencial fue con Cartenuto y mi preocupación más fuerte, la evolución del trámite judicial. El negocio había sido manejado por los profesionales y gerentes de IBM Argentina, quienes, por ejemplo, discutieron con Alejandro De Lellis, titular de CCR, las cláusulas de la contratación. Tanto Foley como Lew, "el chino", tenían que rastrear los pasos administrativos y técnicos de la transacción y por lo tanto su tarea se centraba en esos profesionales.

Yo tuve una sola, breve y decepcionante reunión con Lew:

—Debés acordarte de lo que hablamos a fines de diciembre del '93 —le dije, seguro de mi memoria—. Fue antes de presentar la oferta al Banco, nos encontramos en el hall y yo te pregunté si estabas conforme con la propuesta que estaban preparando. Ese día me contestaste que tu principal preocupación eran los tiempos de instalación, porque los que fijaba el Banco eran muy ajustados y veinticuatro meses era un plazo agresivo. Te pregunté si tenías alguna otra preocupación o recomendación y me contestaste que la oferta era muy competitiva. Incluso me hiciste una broma: pediste que te invitáramos al brindis cuando se firmara el contrato.

Lew escuchó impasible y su respuesta me dejó perplejo:

—Sí, me acuerdo. Pero yo nunca escuché hablar del SBL y tampoco lo mencionaron en las reuniones previas.

Reaccioné con rapidez:

—¿Y en qué pensaste que se gastaban los 137 millones de dólares de compras a proveedores? ¿Nunca preguntaste nada sobre eso?

—Yo lo del SBL nunca lo vi —repitió terca e inexpresivamente.

A pesar de mi sorpresa, no me pareció fundamental discutir si Lew lo había visto o no. Era una cuestión menor. "El chino" me confirmó ese día que desde su punto de vista la solución del SBL era técnicamente correcta y que en las entrevistas con los técnicos de IBM Argentina iba a dejar documentados los fundamentos de esa razonabilidad.

Yo había estado siempre absolutamente identificado con la compañía, y creía que éste era uno de los factores que más me había ayudado en mi progreso. Los que desde afuera veían con admiración ese vínculo, acostumbraban decir que teníamos "la camiseta de IBM grabada en la piel". De pronto esta confianza empezó a resquebrajarse; sería la punta del *iceberg*. Mi primera desilusión fue descubrir que en las entrevistas con el *team* de Latinoamérica la gran mayoría de los empleados de La Corporación ligados a las decisiones de contratación se había dedicado a señalar que no habían sido parte de ellas, apelando a argumentos profesional y racionalmente inaceptables. El hilo conductor de las declaraciones fue: "No sé si se hizo algo mal pero, por si acaso, yo no tuve nada que ver".

Se fue creando una atmósfera de sospecha cuya dimensión no pude medir hasta mucho después, cuando supe que todos los gerentes se lavaban las manos al ser interrogados. Usaron las mismas fórmulas que luego repetirían en la declaraciones judiciales: "Mi papel fue meramente de soporte administrativo", "firmé sin leerlo", "lo firmé porque igual después lo tenía que firmar mi jefe", "mi firma no aparece en ningún documento". A pesar de que gerentes de ese nivel no podían aducir tal desconocimiento, los investigadores no querían escuchar otra cosa y nadie cuestionaba las respuestas.

El equipo de IBM Latinoamérica permaneció en Buenos Aires poco más de una semana. Regresaron a Nueva York cargados de carpetas y testimonios, y sin dar ninguna opinión. Conociendo la manera de trabajar de los americanos, cuya única fidelidad es con quien les paga el sueldo, era lógica la reserva. Una semana después, Robelí Libero anunció que llegaba a Buenos Aires para ocuparse personalmente del tema. Lo acompañaba un auditor de La Corporación, quien pidió que le tuviéramos preparada toda la información de seis o siete negocios en los que CONSAD había participado como proveedor de IBM: DGI, Banco de Santa Fe, Municipalidad de Avellaneda, Gobierno de Mendoza, Caja Nacional de Ahorro y Seguro y alguno más. IBM proporcionaba tapas y tapas a los diarios.

En mis reuniones con Scelzi, éste me suministraba los datos que por vías formales e informales iba obteniendo del juzgado. El grupo que fogoneaba la causa, encabezado por un enemigo mortal de Domingo Cavallo, el fiscal Raúl Plée, aceptaba que era difícil sostener la responsabilidad de una empresa del prestigio internacional de IBM en una maniobra que, en principio, parecía burda. Preferían inclinarse por la tesis de que había sido un paso en falso de la organización local. Fue Scelzi quien me adelantó que, por mi posición en la empresa, yo era el blanco más expuesto a la acusación. Pasamos largas horas con Licinio analizando el tema; habíamos establecido una buena corriente de comunicación que me hizo confiar sin reservas en su experiencia profesional y entregarle toda la información con que contaba.

Con Robelí volvió Cartenuto, quien a partir de ese momento se convertiría en su acompañante inseparable. A la distancia entendí que, en el fondo, eran personalidades afines: Robelí, cuyo dominio del inglés, considerando que había vivido en Estados Unidos diez años, era más que discreto, tenía una tendencia insoportable a ponerse en maestro. Siempre tenía un *conselho* para dar o una *ideia* para proponer, y perdía el control cuando no podía demostrar su superioridad. Robelí había trasladado a Martorana la evidente y sorda competencia que había entablado con Savanti.

Tampoco era buena su relación con Rowley, que lo toleraba porque era su jefe pero, en el fondo, lo despreciaba por latino y por la tendencia megalómana que Robelí había desarrollado en los últimos años. Tenía grabado a fuego en su cabeza el manual del buen gerente; llamaba a todos por el nombre de pila: para eso los repasaba cuidadosamente antes de cada reunión. Es probable que en ese punto conectara con Cartenuto, casado con una uruguaya y perfecto soldado del jefe que le colocaran delante: ambos habían nacido para instrumentar órdenes superiores.

Antes de reunirse con la gente de IBM, Robelí fue al estudio de Scelzi para conocer el panorama de responsabilidades penales, la evolución posible de la causa y los escenarios en los que se desarrollaría. A esa actitud, que en un principio me resultó insignificante, ahora la veo como una decisión deliberada de poner énfasis en las conveniencias legales por sobre cualquier otra consideración.

Cuando terminó con los abogados, empezó con la ronda de entrevistas internas. Yo participé de dos, bastante extensas por cierto, para dar mi versión de lo ocurrido. En la sala de reuniones al lado de mi oficina y a puertas cerradas, sólo estábamos Robelí, Cartenuto y yo. Hicieron todo tipo de preguntas sobre los temas más espinosos del proyecto, tales como la contratación del SBL y CCR. Yo les respondí con la sinceridad con que me había manejado siempre con Robelí desde que lo conocí como Gerente General de IBM Brasil, y sobre todo desde que se había convertido en Gerente General de Latinoamérica, hacía cerca de diez años.

Enterado por Scelzi de la inclinación mayoritaria a plantear "Soriani estuvo personalmente involucrado en todo el proyecto, y cuando él se involucra nosotros no tenemos nada que decir", me preocupé esta vez por señalar a Robelí que había sentido necesaria mi intervención en función de mi cargo y del volumen de negocio.

—Prefiero —le dije con la tranquilidad de quien sabe que comparte un mismo código con su interlocutor— estar acá sentado hablando del SBL a estar en esta misma reunión explicándote por qué no me ocupé de un proyecto de 250 millones de dólares.

—Yo pasé por un puesto como el tuyo —me respondió— y sé lo que le sucede a uno cuando tiene que tomar decisiones que implican mucho dinero en base al olfato y la experiencia, porque no hay una fórmula matemática que muestre el camino correcto. Voy a tener que hacerte algunas preguntas... digamos incómodas, pero estamos en una situación incómoda por definición. Tené la plena seguridad de que no hay nada personal en esto.

A partir de ahí pasamos por imaginables preguntas acerca de si alguien del Banco me había pedido que IBM pagara una "coima" para adjudicarnos el negocio, si lo había hecho alguien del gobierno, si algún directivo de CONSAD o CCR me había ofrecido dinero a cambio de su contratación como proveedor, si yo sabía que eso le hubiera ocurrido a alguien de la compañía. Fue una conversación de máxima crudeza, pero en un tono de honestidad que en ese momento me resultó valorable. Era su obligación y yo no podía esperar que no la cumpliera. Le aseguré que no estaba al tanto de nada que hubiera violado las normas de IBM y le ofrecí que la asesoría legal redactara un documento con mi autorización para que revisaran mis cuentas o las de mis familiares cercanos en los países que juzgaran convenientes. También le recordé que, con el monto que yo tenía acreditado en la compañía por las opciones de compra de acciones, resultaba un poco estúpido que arriesgara mi honor, mi carrera y mi prestigio en una historia como esta.

El auditor de La Corporación, ayudado por Ken Foley, recogió toda la información que había venido a investigar y partió hacia Nueva York sin hacer mención a nada que IBM Argentina no hubiera podido explicar a conciencia.

Robelí también regresó a Nueva York por unos días. Había dispuesto que un equipo de gente se dedicara sólo a la atención del proceso por el BNA y así liberaba al resto de la compañía de ese peso para que pudiera trabajar en otros negocios que no podían paralizarse. Este equipo, bautizado como *Crisis Team,* iba a ser conducido por Wilmer Gueiçamburu, un ex gerente general de IBM Venezuela y posteriormente de IBM Grupo Andino, que había pasado a retiro unos meses atrás y desde su casa de Boca Ratón, en Florida, se preparaba para viajar la semana siguiente. El resto del *team* estaría formado por Nul como responsable del área de Comunicaciones Externas, Guaia como Gerente de Legales y Cartenuto, por Latinoamérica.

Cuando Robelí volvió a Buenos Aires convocó a una reunión donde nos dijo que, según la información que había recogido, el tema Banco Nación iba a tener más complicaciones que las previstas. Pronosticaba situaciones de mucha tensión. Después de presentar a Gueiçamburu nos recordó que nuestra principal preocupación debía ser la de salvar el prestigio de IBM. Mencionó que tanto Guaia como Cartenuto eran abogados de la empresa y actuarían como tales. Si alguno tenía una preocupación personal, subrayó, debía acudir a sus abogados particulares. Robelí insistió en que la única fidelidad era con la empresa y yo pensé que la arenga llegaba a su punto final. No fue así: como si lo recordara a último momento agregó la frase que encerraba el mensaje clave: "¡Ah!", dijo con tono casual, "y si cualquiera de ustedes quiere aportar datos que ayuden a comprender mejor el problema, tanto yo como Cartenuto estamos a su disposición. Y si alguien prefiere hablar confidencialmente, puede pasar por el Sheraton, donde nos alojamos". A continuación dio los números de su habitación y la de Cartenuto.

A la salida, cuatro de los gerentes con más personalidad del grupo fueron a mi oficina para comentarme que la de Robelí había sido una auténtica invitación a la delación y que los había humillado. Uno fue más lejos: me contó que, cuando se retiraban, Eduardo Suárez Battán, Gerente de Productos de *Hardware* y uno de los que había establecido conmigo una mayor relación amistosa, planteó que, a su juicio, lo que Robelí había sugerido era que le confiaran, en privado, su opinión con respecto a lo del BNA y que él pensaba que debían aceptar el ofrecimiento. Mi interlocutor, cuyo nombre me reservo porque lo aprecio y trabaja todavía en IBM Argentina, le contestó que él no tenía ninguna información concreta que dar, y que si la hubiera tenido la habría dado en voz alta y a cara descubierta porque no le parecía correcto ensuciar sobre la base de suposiciones y que eso enredaría más las cosas. Quien me contaba el episodio no podía salir del estupor que le provocaba una actitud semejante; a mí ya casi no me sorprendía nada. Con el correr de los días vería espectáculos peores. Nunca pude saber quiénes pasaron por el Sheraton a hacer un nuevo voto de "compromiso".

Otra de las reuniones que mantuvo Robelí fue con Aldo Dadone, el presidente del Banco. Este me había dicho que estaba al tanto de la llegada de Robelí, y que el ministro Cavallo le había indicado que se reuniera con él para conocer la postura de la IBM Internacional sobre el tema. Yo transmití el mensaje a Robelí apenas llegó a Buenos Aires, y él se puso visiblemente incómodo por tener que enfrentar a un cliente en el medio de una situación tan delicada; sería muy difícil para él sostener cara a cara con Dadone que IBM Internacional no estaba involucrada en la oferta al Banco. De todas formas, las secretarias se comunicaron y acordaron la reunión y, por suerte para él, Dadone no lo puso en ese aprieto.

A su regreso de la audiencia, me crucé con Robelí en un pasillo del piso 20 y me contó que estaba contento: Dadone le había caído muy bien, le había confirmado su interés y el del ministro Cavallo en el Proyecto Centenario, agregando que ambos querían que IBM presentara un nuevo plan para explicar cómo se solucionarían las demoras para tener a punto el sistema antes de fines de 1996. Me pidió que reuniera a los responsables del trabajo para asegurar que el nuevo plan estuviera listo lo antes posible.

Pero al día siguiente, el mismo Robelí me haría pasar por uno de los peores momentos de ese período final de mi carrera en la compañía. Me citó para las 14 horas. Me recibió con Cartenuto, como siempre. Apenas me senté me dijeron que tenían que hablar conmigo de un tema delicado, que escuchara bien lo que me iban a decir, que pensara bien antes de responder y que lo hiciera del modo más preciso posible.

El planteo de Robelí me sonó brutal:

—Scelzi asegura que te contó que uno de los abogados de los proveedores denunciados dijo que habías recibido dinero y vos no contestaste nada.

—El nunca me dijo nada de eso —le respondí alarmado—. Si me hubiera hablado de algo así, yo habría pedido un careo con el abogado para desmentirlo.

De pronto se abrió abruptamente la puerta y entró Scelzi enfurecido. Desencajado, encaró a Cartenuto: "Usted está repitiendo una conversación reservada. Yo acepté contarlo porque Libero es el Presidente de la empresa que me contrata, pero siempre en el entendimiento que me hallaba entre caballeros". Scelzi, que poco antes se había presentado junto a Eduardo Varela Cid en una lista como candidato a diputado del PJ, estaba fuera de sí: era una catarata de gritos que se oían por todo el piso, vociferaba que era poco ético dudar de su palabra exponiendo ante mí lo que había tenido carácter confidencial. Hablaba con todo el cuerpo, gesticulaba con las manos y se les iba encima en una actitud amenazante.

La siguiente media hora fue delirante. Yo casi me había olvidado de la gravedad de la situación y miraba divertido la batahola entre Licinio, un hombre solemne y engolado que sólo habla castellano, ahora desbordado; Robelí, totalmente confundido, intentaba defenderse en "portuñol", pero fiel a su estilo, lo dejaba desgastar a Scelzi, y Cartenuto, que parecía preguntarse "¿quién me mandó acá?", no se animaba a cortar de cuajo el incidente por temor a asumir un papel excesivamente protagónico y molestar a Robelí; su castellano, con los nervios, se hacía cada vez más confuso.

Yo, que me mantuve en silencio hasta que me di cuenta de lo que ocurría, pasé a la ofensiva. Le dije a Scelzi que él nunca me había contado lo del dinero y que quería discutir con quien decía que me habían coimeado. Le aclaré, también yo a los gritos, que no me iba a quedar callado si alguien me acusaba de algo:

—Yo no voy a hacer de chivo expiatorio. Saben perfectamente que esta oferta pasó por muchas manos, incluso en Nueva York. Si el error es el SBL, también tienen que pedirle cuentas a Lew, que revisó toda la propuesta.

Licinio, aferrado a su argumento de que había sido un diálogo entre abogados bajo secreto profesional, no respondió nada concreto. A esa altura, Robelí, desesperado por retomar el control, recuperó el habla. Nunca gritaba, y en este caso menos. Se deshizo en disculpas con Licinio y aseguró estar convencido de que todo era un malentendido. Esgrimió dos razones que en ese momento tomé como sinceras: que mi reacción era coherente con mi personalidad, más racional que emotiva, y que creía que yo decía la verdad porque mi historia en la compañía me respaldaba.

Siguieron múltiples pedidos de disculpas por el mal momento y exageradas manifestaciones de confianza. Incluso, cuando Scelzi se retiró de la reunión me habló mal de él, diciéndome que seguramente había inventado la historia. Les creí, pero en el fondo, la mención a Lew, a su responsabilidad y, en todo caso, a su equivocación en la aprobación de un plan de trabajos incumplible, había sellado mi futuro.

El día anterior a su regreso a Estados Unidos, Robelí me convocó a la Sala de Reuniones. Junto a él estaban Martorana, Guaia, Cartenuto y Scelzi. Fue Scelzi el que me explicó que, tal como me había anticipado en una de sus charlas conmigo, simularían un interrogatorio judicial para foguearme y enseñarme a manejar la tensión que, a mí como a cualquiera, le produciría la primera declaración judicial. Afuera, me dijo, estaban Neira, Murman y Salamanca aguardando para un simulacro similar.

Scelzi, en el mejor estilo Perry Mason, trató de preguntar con agudeza y adoptó un tono agresivo y violento que me pareció una excesiva identificación con el papel. Luego entró Neira y se repitió el ensayo; Scelzi lo hacía entrar en contradicciones. Neira, aterrorizado por el nivel de los ejecutivos que tenía delante, optó por la vía del "Soriani lo decidió todo". Después le pidieron que saliera y Licinio sostuvo que había que aclarar las contradicciones y elaborar una línea coherente.

Pero, sin duda, el tema clave fue el informe de IBM Latinoamérica. Scelzi quería presentarlo en el expediente y frente a la causa señalaba dos caminos posibles: el primero, que, más allá de los procedimientos internos, IBM confirmara que los términos técnicos y económicos de la oferta eran correctos; el segundo, que impugnara lo hecho sancionando y llevando a la Justicia a los responsables. Scelzi aclaró que el incumplimiento de normas internas no constituía delito, y por lo tanto ese aspecto era producto de otra discusión, pero remarcó que una declaración de la empresa afirmando que la oferta era correcta pero que en su tramitación se habían violado las normas de la compañía iba a ser tomada como el reconocimiento velado de un delito.

Libero volvió a Nueva York, donde presentaría el informe a Gerstner y a los ejecutivos de La Corporación. Suponía que en un plazo de diez días podrían estar listos tanto el dictamen final como el *dossier* para presentar a Bagnasco. Agotado, me despedí de ellos y abandoné la reunión, la última que mantendría con el presidente de IBM Latinoamérica.

Después de la partida de Robelí siguieron días de mucho nerviosismo, en los que todos, sin expresarlo, sentíamos que se avecinaban momentos críticos. La relación entre Martorana y yo ya no volvería a ser la misma, sólo nos veíamos para tratar temas pendientes que tenían que seguir su curso regular. El estaba preocupado pero mostraba reserva y evitaba hablar de lo que pasaba en el tono de confianza propio de nuestra amistad. Algo me indicaba que él trataba de tomar distancia.

Un día me llamó a su oficina para decirme que Jorge Vives, de Massalin, había pasado a visitarlo y a ofrecerle su apoyo, y le había contado que en el ambiente se decía que yo había sido parte del arreglo, y que había recibido dinero por mi participación.

Sentado en su escritorio nuevo —había renovado todo el mobiliario del despacho presidencial para borrar así los últimos vestigios de la gestión Savanti—, me dijo:

—Gustavo, hemos trabajado juntos por más de veinte años y yo confié en vos totalmente en este proceso. Si lo que dice Jorge Vives es cierto, quiero que me lo digas ahora. No quiero enterarme de otra manera.

Parado frente a su escritorio, mirándolo a los ojos y sin poder creer lo que oía, le respondí:

—Si yo hubiera participado de alguna maniobra, nunca habría permitido que vos y Orcoyen llegaran a involucrarse en la defensa de lo que aprobamos juntos. Espero que los años de trabajo conjunto y de relación personal que tenemos te hayan servido para entender qué clase de persona soy. Nadie podrá acusarme de haberle fallado a quienes confiaron en mí. Yo no hago estas cosas.

Martorana mantuvo una frialdad extraña; siempre me trataba con mucho afecto. Atinó a decirme:

—Espero no sentirme defraudado.

Esas pocas palabras derrumbaron muchos años de amistad. No puedo aceptar que la tensión de las circunstancias, por elevada que sea, haya hecho dudar de mi integridad moral a quien durante veinte años se había declarado mi amigo incondicional.

Me di vuelta y salí de la oficina sin poder agregar una palabra más.

No se conformó. Al día siguiente de la partida de Robelí tuvimos otra reunión en su oficina. Con expresión adusta me mostró el mensaje de aprobación de la oferta por parte de IBM Latinoamérica, y señaló un párrafo que hablaba sobre la necesidad de obtener recursos humanos adicionales con conocimientos de Hogan para el proyecto.

—Gustavo —me dijo—, vos nunca me mostraste que este mensaje hablaba de recursos humanos adicionales, y Robelí dice que esto es la recomendación de Lew en lugar del SBL. Yo siento que se me ocultó información.

Sorprendido por un cuestionamiento tan elemental, basado en un documento que había sido revisado cientos de veces y que constituía parte del ABC de este negocio, le contesté:

—Ese tema ya se lo expliqué a Robelí. Lew recomendaba más gente para trabajar todo el tiempo en el proyecto, y no tenía nada que ver con la emergencia. La prueba está en que no dice que esa gente se requiere para el caso que tengamos problemas con Hogan, sino que recomienda conseguirla de cualquier manera. Además, seguimos la recomendación de Lew, contratamos esa gente adicional; está trabajando desde hace más de un año en el Banco. —Empecé a sentirme muy molesto, no podía creer que tuviera que aclararle ese tipo de cosas, pero mantuve la calma para agregar:— Con respecto a si se te ocultó o no la información, creo que no podés decir eso. Ese documento estuvo frente a vos desde el principio, y no apareció hoy en mi escritorio. Si vos no preguntaste por ese párrafo, o no lo leíste, o no le diste importancia, o no lo entendiste, no es culpa mía. Yo puse toda la información que tenía a tu disposición, y no estoy dispuesto a aceptar que se me acuse de deslealtad. Acá todos tuvimos la información a la vista y decidimos lo que creíamos que era mejor para IBM.

Martorana insistió:

—A mí nadie me mostró que decía esto. Yo sigo

pensando que no tuve toda la información, pero ya es tarde para discutirlo. —Muy tenso, apuró el final de la conversación:— Vamos a la reunión, que nos están esperando.

Mientras pasamos a la Sala de Reuniones, donde nos esperaban para tratar temas de rutina del negocio, pensé que el de Martorana era un comentario propio del nerviosismo que se vivía. Pronto me daría cuenta de que su actitud tenía otro significado. Ricardo Martorana declararía en la causa, donde quedaría asentado: *"en una reunión entre Rowley y Martorana, el primero le encarga que prepare durante el fin de semana, o sea los días 9 y 10 de septiembre, una conferencia de prensa a llevarse a cabo el día jueves 14 o viernes 15 cuyo objetivo iba a ser publicitar las sanciones disciplinarias a tomar en IBM y respaldar públicamente a IBM Argentina y a él mismo (Martorana). Contó también que Rowley le pidió que trabaje en la preparación de la mencionada conferencia de prensa, por ejemplo, el lugar, asistentes, temarios a cubrir y metodología, y que además envíe el trabajo con Nul el domingo 10 de septiembre a Nueva York. Ese día a la noche Nul viajó a Nueva York".*

Cuando leí estas declaraciones, un frío me corrió por la espalda. La actitud de Martorana no era producto del nerviosismo sino de una posición tomada. Me ocultaba información mientras sostenía que yo había tenido responsabilidad en algún hecho ilícito y sabía que se consideraba mi despido.

Orcoyen, mientras tanto, mantuvo conmigo la misma relación de siempre. El viernes anterior al desenlace, María Laura y yo nos encontramos por casualidad en un restaurante de la Recoleta con

Javier y Dolores, su mujer, quienes nos invitaron a compartir su mesa. Aunque el tema del escándalo sobrevolaba la conversación, de ninguna manera se convirtió en el eje de la noche. Cuando nos acercaron con el auto a casa, después de la cena, nada hacía presumir el desastre que nos sobrevendría y que esa sería la última vez que nos veríamos los cuatro.

La siguiente reunión sobre el Proyecto Centenario fue la del 13 de septiembre, con Rowley y Cartenuto en mi oficina; es la que relaté al comienzo de este libro. A partir de allí, los llamados del periodismo desde las 4:30 de la mañana, sin ningún respeto por mi privacidad ni por mi familia, la guardia permanente de los fotógrafos de *Gente* en la puerta de mi casa, pidiéndole a mis hijos adolescentes que trataran de convencerme para que los recibiera. El acoso, la pesadilla, el escándalo.

SIJP: EL MEGANEGOCIO DE COSSIO

El escándalo que puso en la picota el Proyecto Centenario ejerció un efecto dominó sobre todas las últimas grandes contrataciones de IBM con el Estado y los gobiernos provinciales. La relación comercial con CONSAD levantaba suspicacias allí donde los nombres de La Corporación y la consultora aparecieran juntos. Sin embargo, fue la contratación con la DGI la que le siguió en orden de preferencia de los denunciantes, quizás a causa de que apuntaba, igual que el caso del Nación, al corazón del equipo de Cavallo.

El acuerdo entre la DGI y la UTE IBM-BANELCO para implementar y operar el Sistema Integrado de Jubilaciones y Pensiones (SIJP), por más de 400 millones de pesos, se resolvió mediante una contratación directa en abril de 1994, autorizada por un decreto presidencial. La modificación del sistema jubilatorio había recibido un largo tratamiento legislativo y las dilaciones provocaron sucesivas postergaciones de la puesta en marcha del sistema y de la definición del esquema a adoptar.

No obstante, en IBM teníamos la sospecha de que cualquiera fuese la decisión final, la tendencia se inclinaba a tomar como base el esquema de jubilación privada que funcionaba con éxito en Chile desde hacía bastante tiempo. Por eso, las medidas que adoptó el Sector Banca y Entidades Financieras de la compañía, señalado para responsabilizarse del manejo de las futuras AFJP, se basaron en alcanzar un conocimiento cabal del sistema y la determinación de cuáles podían ser las aplicaciones transportables a la modalidad argentina, evitando así las demoras y los costos de desarrollar una aplicación desde el principio.

El mercado financiero chileno está dominado por la empresa SONDA, que representa a DEC. Allí, IBM tiene una posición muy minoritaria y, por lo tanto, la búsqueda quedó totalmente acotada y reducida a dos AFJP que tenían montada la plataforma IBM. Una particulariad del sistema chileno es que el cobro de los aportes ha sido delegado a las AFJP, lo que le permite prescindir de una gestión centralizada. En la Argentina, en cambio, las autoridades de Economía optaron por un esquema de recaudación centralizado en un organismo único que, al estilo del *clearing* bancario, se encargaría de distribuir los fondos entre las AFJP y el resto de los organismos que reciben esas cotizaciones. Esa era la responsabilidad transferida del ANSeS a la DGI.

A principios de 1994, la DGI invitó a un conjunto de empresas a presentar ofertas para hacerse cargo del sistema en la modalidad que la jerga informática conoce como *outsourcing,* es decir, con equipos, aplicaciones y recursos humanos provistos por el prestador del servicio. Entre las invitadas al primer contacto con el proyecto estaba IBM. También habían sido convocadas tarjetas de crédito como BANELCO y ARGENCARD, algún otro proveedor de equipos y STI, una empresa desconocida hasta ese entonces en el ambiente.

El pedido de cotización incluía una descripción bastante genérica del sistema requerido, básicamente una red de bocas de cobranzas extendida a todo el país, con métodos de pago diferenciados según el tipo de contribuyente (grandes contribuyentes, PYME, autónomos, etc.). El sistema debería ser capaz de procesar un volumen de alrededor de 6 millones de pagos en sólo tres días consecutivos, una vez por mes y, en el lapso de 48 horas, balancear y transferir los saldos desde la cuenta recaudadora de la DGI a las cuentas de los entes receptores: AFJP, ANSeS, FONAVI.

Las especificaciones solicitaban que la cotización detallara el costo por aportante y por transacción real procesada, lo que obliga al proveedor a asumir un riesgo adicional, que consiste en desconocer el número de aportantes y de transacciones y a aceptar un sistema sin historia y sobre cuya evolución se hacían los pronósticos más diversos. IBM acababa de presentar su oferta a la licitación del Banco Nación y había sido preclasificada. Teníamos que repartirnos entre los dos meganegocios: Banco Nación y la DGI. Cossio seguía cada paso de cerca, llamaba todos los días para sacarse cualquier duda que se le presentara y proponía o reclamaba reuniones cada vez que él lo consideraba necesario. Su temperamento ansioso y perfeccionista se exacerbaba frente a la responsabilidad de un negocio así.

Las especificaciones se conocieron en febrero del '94 e imponían un plazo perentorio para la presentación de las ofertas. El manejo de un negocio de este tipo le correspondía a Eduardo D'Alessandro, responsable del Sector Público. Cuando se pusieron a estudiar seriamente el pedido, los técnicos de la empresa descubrieron que, si bien estábamos en excelentes condiciones de cubrir la parte informática, uno de los pilares de la contratación eran las bocas de cobranza, un servicio para el que no resultaba razonable duplicar la infraestructura que los bancos ya tenían montada.

Esa fue la razón por la que IBM se conectó con BANELCO, que aparecía como el complemento perfecto por tener la red de comunicaciones más avanzada y porque al estar formada por los bancos más importantes de la Argentina, tenía todo el conocimiento para esa parte del proyecto. También se había conversado con LINK, la otra red bancaria de datos, y con ARGENCARD, por su experiencia en el manejo de cobranzas y *clearing* masivo.

Luego de muchos cabildeos se resolvió que la vía era armar una UTE con BANELCO e integrar otra organización que, al estilo de LINK, pudiera aportar opciones o recursos a la UTE.

STI era una sociedad armada entre la empresa canadiense Systems House Ltd., especialista en desarrollo de aplicaciones y que tiene una oficina en Buenos Aires a cargo de Raúl Saroka, un peronista con algunos antecedentes informáticos; una consultora local manejada por Jorge San Martín, que había trabajado con temas relacionados a la jubilación privada durante su paso por la Seguridad Social, y el grupo de Ricardo Cairoli, que mientras negociaba su retiro del Banco de Crédito diversificaba sus intereses en algunos emprendimientos tecnológicos.

STI había estado trabajando desde hacía un año en la solución, tratando de sintetizar la experiencia de San Marín con la Systems House, que había puesto en marcha el sistema de recaudación tributaria mexicano, sobre cuyo éxito había versiones contradictorias. Otro de los rumores era que el gobierno canadiense había planteado que se favoreciera la instalación de Systems House en Argentina como contrapartida para hacerse cargo del Correo, una alternativa interesante para quienes querían evitar que el Correo cayera en manos de empresarios locales que presionaran para ejercer un control monopólico del sector.

IBM arrancaba tarde y en desventaja de conocimientos en relación con quien iba a ser su principal oponente en la carrera por el negocio. La balanza estaba equilibrada por su infraestructura local, que en un negocio de *outsourcing* es un elemento invalorable porque reduce el margen de riesgos. Tenía, además, en BANELCO el socio ideal. De manera que la alianza se basó en una suma de dos negocios: BANELCO manejaría la recolección del dinero, la información y la transmisión al centro de cómputos; IBM pondría la tecnología informática y la capacidad para operar y procesar el sistema. La alianza se concretó en un acuerdo mediante el cual las dos se convertían en proveedoras de la UTE. IBM lo hacía con una participación del 70 por ciento y BANELCO con el 30 restante.

Corría ya el mes de febrero y el Ministerio de Economía quería todo listo para julio del '94. Casi no nos quedaba tiempo. Asumiendo el riesgo, BANELCO e IBM decidieron poner a trabajar un equipo de técnicos y proveedores en los que considerábamos puntos críticos del desarrollo. Se presentaron dos propuestas que abrían caminos bastante diferentes: la UTE apuntaba a un esquema tradicional y ponía el énfasis en la metodología de ingreso y verificación de datos adecuada a cada tipo de aportante (en esa cuestión resultaba decisiva la participación de CONSAD, que había montado los sistemas de recaudación de la DGI). Para ello se había desarrollado una tecnología conocida como "mancha". La "mancha" tiene una codificación que permite la lectura rápida y segura de la información de aportes presentada por las empresas.

Mientras tanto, el enfoque de STI apuntaba a una tecnología de sistemas abiertos que hasta ese momento no tenía antecedentes en el mundo y carecía del soporte de un socio especializado en cobranzas y movimientos de fondos, que era lo que BANELCO nos suministraba a nosotros. Pero había otra diferencia sustancial y era que los presupuestos presentados por STI eran sensiblemente más baratos que los de IBM-BANELCO. STI asumía un piso mínimo de 6 millones de aportantes/transacciones por mes, por debajo del cual igual facturaría el importe correspondiente a ese valor; la UTE no había establecido piso y corría el risgo de facturar un volumen menor si al principio no llegaba a esos índices.

La DGI le pidió entonces una nueva cotización incluyendo un piso, con lo que, aun reduciendo el precio, la de la UTE seguía siendo más alta. Este asunto era de tal importancia para la DGI que Cossio se ocupaba de participar en las reuniones de trabajo, en las que se discutían detalles operativos y de gestión. La distancia entre una y otra cotización era tan grande que los hombres de la DGI se inclinaban a pronunciarse por la oferta de STI. El mayor argumento en su favor era el tiempo que llevaban trabajando en la cuestión, lo que en términos de Cossio era un inversión hecha por los canadienses en función de la envergadura del negocio. A IBM el tiempo también le había proporcionado lecciones: sabía que era muy difícil que alguien invirtiera recursos considerables sin tener aseguradas ciertas garantías. Además, la solución que, decían, estaba "casi" lista se encontraba en Canadá y era imposible verificarla. Cossio pidió que STI trajera el *soft* a Buenos Aires, pero la empresa no accedió a trasladarlo porque había que seguir trabajando en su implementación y los técnicos estaban en Canadá.

Entonces la DGI decidió hacerle una visita a la sede de SHL en ese país. Viajaría un equipo técnico, a las órdenes de Daniel Hurrell, asesor de Cossio y hombre de su absoluta confianza. Tenían como objetivo asistir durante un par de días a charlas con gente de SHL para entender las características de la oferta y evaluar su grado de desarrollo. "Si la comisión determina que el sistema está avanzado y es confiable, a la vuelta contratamos con SHL. Si no es así, contratamos con la UTE", anunció Cossio.

La delegación regresó con un dictamen claro: la solución de SHL no tenía antecedentes en el mundo y era imposible verificar su confiabilidad y rendimiento. El único desarrollo que habían podido evaluar era un prototipo sin valor operativo. En ese instante empezó para nosotros el tramo más crucial de cualquier negociación: el cálculo de costos de un sistema que aún no está definido con precisión por el cliente. Así las cosas, el cálculo fue hecho tomando rangos bastante altos de seguridad sobre los costos básicos estimados. Cossio había pedido a la UTE un cuadro de precios elaborado sobre cuatro rubros: equipamiento, programación, comunicaciones e infraestructura. Daniel Hurrell y su equipo de la DGI armaron su propia planilla referencial de costos. Cada uno con sus costos en mano, comenzaron las reuniones.

A medida que se fueron definiendo los detalles, los llamados de Cossio, incluso durante el fin de semana, se hicieron más frecuentes. Para IBM era un cliente importante y hacíamos lo imposible para calmar su ansiedad. Las discusiones se hacían interminables. Por un lado, el equipo de la DGI analizaba concepto por concepto tratando de demostrar que la UTE había calculado con excesiva holgura; por otro, el grupo de técnicos de la UTE, empeñado en explicar cuántas cuestiones no habían entrado en consideración en el modelo usado por la DGI, el desconocimiento sobre la envergadura de ciertas tareas y el elevado riesgo a asumir.

Mi experiencia me mostraba que cuanto más en detalle se discuten los costos, pierde siempre el que tiene menos conocimiento del tema, y éste es el cliente. Los años y el sentido común me enseñaron que quien demanda un servicio debe hacer frente a la cuestión del precio con absoluta prescindencia de los componentes del costo del proveedor: su terreno son dos o tres valores globales de referencia y el precio objetivo que está dispuesto a pagar. En ese marco el problema se simplifica: sólo se trata de explicar a qué precio hay negocio y a qué precio no. Cuando el proveedor se acerca a sus cifras, ha llegado el momento de cerrar el acuerdo. Sé que esta técnica de negociación suena simplista, pero el haber pasado muchos trances similares del lado del vendedor me dio la pauta de que el cliente más temido es el que, sin detenerse en detalles, solamente dice "más de esto no pago". En mi criterio, en la negociación del SIJP, el costo de transacción de las tarjetas de crédito o del *clearing* bancario hubieran sido un indicio más claro para el equipo de la DGI que cualquier cálculo construido a partir del costo de los elementos.

La UTE, como proveedora, aplicaba esa técnica. En las últimas etapas, antes de sentarnos teníamos decidido por debajo de qué valor no podíamos encarar el trabajo. Con ese número en la cabeza, argumentamos horas y horas en defensa de los intereses de las empresas que representábamos.

Hoy sonaría ridículo decir cuál era el precio mínimo que la UTE estaba dispuesta a aceptar, pero al 13 de setiembre de 1995, el día de nuestro despido, ese contrato estaba entre los más rentables de IBM Argentina, con un margen bastante más amplio que el del discutido Banco Nación. También es cierto que el SIJP funcionó, que fue tomado como ejemplo en países que se encuentran a punto de establecer el sistema de jubilación privada y que tiene incluidos un par de avances tecnológicos que, como la "mancha", están a punto de ser patentados en los Estados Unidos.

Si abandonamos por obsoleto el concepto de "precio justo", podría afirmar que la contratación se pactó al precio acordado en una negociación libre, en la que a lo sumo podrá discutirse la habilidad de cada una de las partes para defender sus intereses. Entiendo que cuando una de ellas es el Estado, muchos se sienten con derecho a exigir que las empresas —o los empresarios— actúen de modo diferente al que adoptan cuando negocian entre entidades privadas. Pero no creo que sean los empresarios quienes tengan el derecho de plantear este punto de vista. No conozco uno solo que en sus negocios con el Estado no haya tratado de maximizar sus beneficios con la misma fuerza e imaginación —y me mantengo en el terreno de las mejores intenciones— con que lo hace en sus negocios privados.

La contratación se hizo en abril bajo las atribuciones que el decreto 507/94, firmado por Cavallo y el presidente Carlos Menem, había conferido a la DGI. El trámite contó, asimismo, con el visto bueno de la Subsecretaría de Informática, dependiente de la Secretaría de la Función Pública, a cargo de Claudia Bello.

Tal como señalé, en Chile el sistema de cobranzas corría por cuenta de cada AFJP, adonde concurrían las empresas o los aportantes para hacer sus pagos mensuales. Siempre, en todo sistema de cobranzas, queda un monto de dinero que no ha sido correctamente pagado. Estos montos quedan en poder de la entidad que recibió el pago hasta tanto se determine el origen del error que provocó el pago equivocado. En Chile, en los inicios del sistema, ese monto llegó hasta el 10 por ciento de la recaudación, lo que representaba muchos millones para las AFJP que, durante un tiempo, disponían de esos "residuos" sin costo alguno. Aquí, para evitar el problema se dispuso que el "residuo" quedara en la DGI, un punto que provocó resistencias en las Administradoras, poco dispuestas a perder esa ventaja aunque los porcentajes de "residuo" en este caso resultaron mucho menores: menos del 1 por ciento en escasos meses. La cuestión se convirtió en uno de los aspectos más conflictivos en el arranque del sistema, ya que las AFJP utilizaron todos los medios a su alcance para oponerse a un esquema centralizado de recaudación a través de la DGI.

A principios de 1996, entre una catarata de procesamientos por el contrato BNA-IBM y las inminentes elecciones por la intendencia de Buenos Aires, los diputados "Chacho" Alvarez, Horacio Viqueiras y Alfredo Bravo presentaron una denuncia en la Justicia relacionada con la DGI. Por lo que pude hablar personalmente con algunos de ellos, sostenían la ilegitimidad del decreto 507/94 y las razones de urgencia. También hacían hincapié en el elevado precio y las mejores condiciones que podrían haberse logrado. A partir de ese momento recibí infinidad de llamadas e invitaciones para exponer mi punto de vista respecto de esa contratación. Seguramente la mayoría de ellas presuponía que mis opiniones podían estar coloreadas por el relato que, ya desde fuera de IBM, podía hacer de aquella negociación. Con los primeros que traté de comunicarme fue con los diputados denunciantes, a quienes tuve la oportunidad de explicar en detalle los vaivenes del proceso de contratación. Les aseguré que nunca recibí —y nunca tuve noticias de que algún miembro de la UTE lo hubiera hecho— ofertas, presiones o insinuaciones de la necesidad de maniobrar para obtener el contrato. Había tantos hombres de IBM y BANELCO involucrados que hubiera resultado imposible incluir una subcontratación de un producto o un servicio innecesario para el proyecto.

A diferencia del Proyecto Centenario, para este negocio no se pidió la aprobación de IBM Internacional: el SIJP no tenía la complejidad del BNA. No obstante, la contratación de proveedores de la UTE siguió el mismo procedimiento y contó con las mismas aprobaciones. Afortunadamente, como tampoco hubo subcontratistas denunciados por evasión impositiva, La Corporación se abstuvo de acusar de violación de normas internas a quienes intervinimos en el proceso de contratación. Por el contrario, Wilmer Gueiçamburu formuló reiteradas declaraciones públicas sobre la corrección del trámite y el orgullo de La Corporación por el negocio y su nivel tecnológico. El único elemento en el que Gueiçamburu no reparó fue que este negocio, generado y aprobado localmente, fue manejado de modo personal por los mismos ejecutivos a los que despidió por su actuación en el Proyecto Centenario. Siempre pienso que, de estar en su lugar, hubiera sentido curiosidad por saber por qué un puñado de hombres de mi empresa procedió de acuerdo con las normas en un negocio de 500 millones, que no contaba con control externo, y se olvidó de los manuales justo en uno de 250 que había sido monitoreado por la Casa Matriz.

Hoy, la investigación se encuentra en manos del juez federal Carlos Liporaci, quien se hallaría estudiando, además, otras contrataciones realizadas por la DGI, al amparo del mismo decreto 570/94. Estoy convencido de que lo que allí entrará en juego son los comportamientos de los funcionarios públicos y la transparencia con que cumplieron sus obligaciones. De todos modos el "caso" DGI aún está abierto.

Banco de Santa Fe, el efecto dominó

CREÍA QUE LA CUOTA de amarguras que la vida me había asignado en relación con IBM había sido pagada con creces. Estaba en un error y lo comprobé en marzo de este año, cuando un policía de la seccional tocó el timbre de mi casa para hacerme firmar la citación del juez Carlos Carbone para declarar en la causa 1307/94, caratulada como "Plataneo, Rubén, sobre Investigación/Licitación Pública 1036/91 del Banco Provincial de Santa Fe".

Se basaba en una denuncia hecha en 1994 por la comisión interna del banco, inmersa en una batalla política contra la privatización de la entidad. Me sorprendió que quisieran mi testimonio en una cuestión que había sido manejada desde el principio al fin por las sucursales de la zona, que dependían de los gerentes de Interior de IBM, Osvaldo Alonso, y de Bancos y Entidades Financieras, Eduardo Suárez Battán. Las últimas informaciones que yo tenía del negocio me habían llegado por los diarios, cuando las denuncias comenzaron a generalizarse. Luego supe que la propia IBM había proporcionado a Carbone la lista de cuatro nombres: Alonso, Mongini, Lomanto (estos dos últimos responsables de Rosario y Santa Fe respectivamente) y el mío.

Mi asesor me explicó que debía designar un abogado matriculado en la provincia o acudir al defensor de oficio. Pero ya no estaba en condiciones de contratar un abogado por cada causa contra IBM que se abriera en territorio argentino y, por lo tanto, decidí presentarme solo.

De los cuatro citados sólo Mongini continuaba trabajando en IBM: Alonso renunció hace unos años para ocupar la Gerencia General de Startel y Lomanto lo acompañó, tras acogerse a uno de los planes de retiro habituales de la compañía. Extrañamente, la lista suministrada por IBM no hacía mención a Suárez Battán, que fue quien decidió la solución informática del Banco de Santa Fe y aún hoy integra el *staff* de La Corporación. Como contrapartida, IBM hizo saber a los citados qué documentación había aportado a la causa y dispuso que el estudio de Scelzi y penalistas de Santa Fe dieran asistencia profesional a todos, incluso a Savanti, bajo cuya presidencia se había firmado el contrato. De esto sí mi nombre había sido excluido.

La audiencia con Carbone duró alrededor de tres horas. En ese tiempo hablé de las modalidades operativas de la empresa con las sucursales del Interior, de su independencia y de mi único punto de contacto con esa licitación: el pedido que a mediados de 1991 me hizo Alonso de que nos entrevistáramos con el presidente del Banco para comunicarle que dos de las cláusulas del llamado eran inaceptables para nosotros.

El objetivo de Alonso, según me dijo, había sido que el presidente del Banco entendiera nuestra objeción como la posición oficial de la compañía y no como una argucia del vendedor para sacar provecho personal. No podíamos aceptar ni el sistema de penalizaciones por retrasos del modo que allí se establecía ni el sobreprecio de 8 por ciento para pago de una consultora que supervisara los trabajos, es decir, un proveedor que no elegiríamos y cuyo precio estaba predeterminado.

Juntos, Alonso y yo, habíamos entrevistado al doctor Baclini en la sucursal que el Banco tiene en el microcentro. Explicamos nuestra postura, Baclini la rechazó e IBM se presentó con una oferta que impugnaba esos dos aspectos. Dado que la de NCR también planteaba inconvenientes y que el Banco, por razones de restricción presupuestaria, había decidido limitar la contratación del sistema para un número mucho menor de sucursales, el directorio de la entidad, con la aprobación de su departamento legal, resolvió solicitar una nueva cotización. Previamente se convocó a dos de las firmas que habían presentado ofertas válidas, ITRON y NCR, para informarles la decisión. Ninguno de ellos puso reparos.

Después de varias evaluaciones y dictámenes, el banco adjudicó la nueva propuesta a IBM, basada en el SBL como *software* centralizado y modelos de equipos de arquitectura/390 para el centro de cómputos. Las multas que originaron el primer desacuerdo se ajustaban ahora al Reglamento de Contrataciones del Estado y se había eliminado la exigencia de pago del 8 por ciento.

IBM se puso a trabajar y en 1991 arrancó el nuevo sistema y se retiró el equipamiento anterior obsoleto. A partir de ese momento, el SBL es el único soporte informático del Banco y con él se manejaron todas sus actividades principales. Hubo sí, posteriormente, reuniones con los directores de la gestión de Carlos Reutemann, que afirmaban que el sistema no repondía a las pautas que ellos pretendían. La gente de la Sucursal Santa Fe frenó esos planteos explicando que, como es obvio, el contratista no puede hacerse cargo de los cambios de modalidad que sobrevienen siempre que se designa una nueva cúpula, bastante inestables por cierto en los bancos oficiales. No obstante, y sin alterar los costos pactados, se aceptó introducir modificaciones a lo convenido en el contrato original.

Al juez Carbone le conté con prolijo detalle mi encuentro con Baclini y la discusión en torno de las dos cláusulas del pliego. Le dije, además, que a partir de ella no tuve ningún otro acercamiento al negocio. La misma versión fue dada por los gerentes de las sucursales Rosario y Santa Fe, quienes habían prestado declaración informativa un día antes que yo. Ambos aclararon que trabajaban con independencia, supervisados por Alonso, y que el SBL había sido sugerencia del Sector Banca, comandado por Suárez Battán. A su turno, Alonso sostuvo que al hacerse la licitación él era Gerente de Interior y de su área dependían las sucursales de Rosario y de Santa Fe, a las que se asignó el manejo del negocio puesto que el Banco tenía casas centrales en las dos ciudades. "A partir de ese momento se hicieron cargo Mongini, gerente de Rosario, y Lomanto, gerente de Santa Fe", dijo. "Ellos eran los que recababan información directa y yo los supervisaba. Ellos se informaban de las características y necesidades del cliente, etcétera."

Cuando Carbone le preguntó por las ofertas técnica y económica, Alonso precisó: "Yo tuve, como dije, la supervisión e implicaba un conocimiento de la oferta, si bien no detallado, al menos en forma global, sobre todo en el aspecto técnico y lo que hacía al cumplimiento del requerimiento del cliente. En el aspecto económico, la responsabilidad era de la Dirección de Finanzas, quien elaboraba el precio conforme a la oferta técnica preparada por la sucursal". El juez quiso saber de dónde había salido la decisión de hacer la oferta técnica, pese a lo que el pliego indicaba en el rubro multas. Alonso, con una franqueza que contrasta con los protagonistas del proceso del Banco Nación, declaró que "el presentarse a pesar de no haber cumplido con el requerimiento de las multas fue una decisión tomada dentro de mi sector, la Gerencia de Interior, y avalada por mí". Sin embargo, su sinceridad respecto de mi participación no fue tenida en cuenta por el juez, que parecía tener posición tomada desde un primer momento.

Savanti también fue citado por su condición de presidente de IBM en los días del llamado a licitación. "Los precios cotizados debían obtener la aprobación del departamento de precios y finanzas. El proveedor era investigado a través del departamento de compras que estaba en el area de Fabricación", informó Savanti al magistrado, y puntualizó que "el departamento de compras era permanentemente auditado por la Auditoría Interna de IBM Argentina y la Auditoría de IBM Nueva York una vez al año y por cl auditor externo, que era Price Waterhouse". Acerca de si esos controles se mantuvieron en el caso del Banco de Santa Fe, Víctor contestó sin vacilaciones que "se debieron haber cumplido. Cualquier excepción a ello la tendría que haber aprobado yo y nunca lo hice".

Pasaron casi cuatro meses sin que volviera a tener noticias de esa denuncia, hasta que a fines de junio me llegó una nueva citación. Ahora la declaración era indagatoria. Mi abogado, Mario Tarrío, se preocupó; podía ser el paso previo a otro procesamiento y me recomendó, esta vez sí, concurrir con un abogado matriculado en la provincia. Recurrí a Carlos Linari Micheletti, que desinteresadamente me acompañó durante la declaración.

Al llegar al juzgado me enteré de que el juez formulaba una acusación parecida a la de Bagnasco en el caso del Banco Nación, sólo que aquí el SBL era el sistema principal y funcionaba desde hacía cinco años. Leyendo el expediente observé una nota de IBM, del 15 de abril de 1996 y firmada por Scelzi, donde la empresa comunica: "Con respecto a las auditorías internas emprendidas por la Casa Matriz (Nueva York), cumple aclarar que durante los períodos evocados en el oficio que ocupa, no se llevaron inspecciones de esa naturaleza que comprendieran lo actuado por los departamentos específicos intervinientes en la licitación convocada por el Banco de Santa Fe". Estaba preocupado, pero no dejó de causarme cierta gracia el texto de Scelzi. Porque, ¿qué cosas revisa entonces la Auditoría Internacional, si en las ocasiones en que se presenta un problema no consta que haya habido revisación del tema? Savanti había dejado claro que había una revisión anual, de rigor. La Corporación volvía a mostrarse como era y tomaba distancia.

También tomé contacto con el testimonio de Carlos Atan, Director de Finanzas de IBM Argentina, quien aseguró que "en cuanto al *software* comprado a CONSAD, nosotros supervisamos el armado del negocio (...)" y ratificó lo afirmado por Savanti en cuanto a las auditorías internas y externas —hechas por auditores argentinos y extranjeros que reportaban a Nueva York— y a la de Price Waterhouse.

Contra lo que esperaba por la magnitud que para

mí tenía la situación, Carbone apenas pasó por la oficina del juzgado y fueron el secretario, un fiscal y un empleado sumariante quienes me tomaron declaración. El sumariante hizo tres preguntas, a mi criterio intrascendentes, y luego se dirigió al fiscal y al secretario para saber si tenían interés en saber algo más. Luego, dirigiéndose a mí, repitió la fórmula. Yo no podía creer lo que pasaba.

Apelando a lo que había aprendido en mi involuntario paso por Tribunales, y en mi mejor estilo de vendedor, acepté la oferta.

—Vine hace cuatro meses a Santa Fe —le recordé al sumariante— para contar todo lo que sabía y demostrar que en este negocio sólo tuve una reunión protocolar con Baclini. Ahora me vuelven a llamar a indagatoria, que, según mis abogados, indica que el juez tiene indicios suficientes de mi involucración en un delito. Con las tres preguntas que me acaban de hacer, no creo haber disipado ninguna duda sobre mi presunta responsabilidad en un ilícito que aún no sé en qué consiste. Si ustedes no me dicen qué es, no me puedo defender. Por lo menos me gustaría volver a Buenos Aires sabiendo que hice todo lo posible para justificar mi situación.

—Bueno, le puedo leer la definición de fraude en perjuicio de la administración pública —contestó cínicamente el sumariante.

No me iba a dejar atropellar:

—No, yo lo que quiero es una explicación concreta sobre mi caso. Si creen que soy culpable, quiero hacer mi descargo, pero para eso, primero tengo que saber.

—Tiene razón. Es mejor que llamemos al juez —aceptó más conciliador.

Después de varios minutos, vino Carbone y se sentó con nosotros. El empleado se justificó:

—El ingeniero Soriani tiene una inquietud. ¿Por qué no se lo explica usted, ingeniero?

Volví a desplegar mi argumentación con el apoyo de mi abogado y lo hice con más énfasis porque sabía que era la última instancia. Carbone me contestó que no tenía todavía un cuadro completo de la maniobra, pero sospechaba una defraudación. Agregó que no me podía dar más detalles porque tenía que valorar lo que yo y otros habíamos declarado. Luego de eso tomaría una decisión. Fue inútil, Carbone me hizo un par de preguntas de compromiso, al punto que él mismo reconoció que lo hacía por mi insistencia. Allí terminó la audiencia.

Regresé a Buenos Aires sin saber de qué me acusaban, pero convencido de que lo que había declarado no servía para dilucidar nada. Así fue como el 6 de julio recibí una nueva notificación citándome por tercera vez para el día 22, para una ampliación de la indagatoria. Nos había citado con media hora de diferencia a Mongini, a Alonso y a mí. Mientras Mongini declaraba, Alonso y yo conversamos con un abogado del estudio de Scelzi y con el abogado del estudio rosarino que IBM había contratado. En esta ocasión, logré enterarme de que la maniobra fraudulenta se basaba en la venta del un *software,* el SBL, que no cumplía con las necesidades del Banco y también en la de otro, el SAPIENS, que si bien estaba contemplado en el pliego, a ojos del juzgado era innecesario.

Frente a este panorama, me limité a decirle a Carbone que el SBL era el *software* que manejaba las operaciones del Banco Río y del Banco de la Provincia de Buenos Aires, por lo cual lo consideraba apropiado para una institución bancaria. Además, era el *soft* que desde hacía cinco años procesaba las transacciones del Banco de Santa Fe. Por último, insistí en que la selección del *soft* había sido una decisión de los responsables técnicos de IBM, de Interior y Banca. Con respecto al SAPIENS, si el Banco lo pedía en el pliego, nosotros teníamos que ofrecérselo y no preguntar para qué lo quería. En todo caso, era una decisión del Directorio del Banco. Por lo demás, no era práctica habitual en IBM preguntarle a los clientes para qué quieren un producto de uso tan general como el SAPIENS. Finalmente, el juez dijo que debía reunir toda la documentación y resolver la situación de cada uno de los imputados. Así terminó mi tercera incursión a Santa Fe.

Tal como se veía venir, el 30 de julio Carbone dictó el procesamiento de diecinueve personas, entre las que estaba yo. El juez sostuvo que no debía preocuparme porque el procesamiento no era una sentencia y sólo marcaba una profundización de la investigación. Después de que la defensa expusiera sus argumentos, dijo, si yo era inocente sería sobreseído sin que nada de esto afectara mi buen nombre y honor. En síntesis, que aparecer en la tapa de los diarios, sobrellevar un proceso judicial de varios años, con los gastos que esto insume en viajes y honorarios profesionales, sortear dificultades enormes a la hora de buscar trabajo, puede culminar en una anécdota risueña porque al final del camino uno termina absuelto.

Los fundamentos de mi auto de procesamiento son curiosos: con fragmentos de declaraciones se justifica una construcción imaginaria que, como se dice allí mismo, es una de las múltiples posibles alternativas que explican la informatización del Banco de Santa Fe. No obstante, no se reproduce una sola de las declaraciones donde altos empleados de IBM dejan sentado que nada tuve que ver yo con aquella licitación.

En cambio, califica de "no normal" el encuentro que, junto al gerente de IBM Rosario, mantuvimos en Buenos Aires con el presidente del Banco porque se trataba de un cliente del interior. Yo quisiera saber: si entre mis funciones como Gerente de Operaciones no estaba el reunirme con los directivos de las empresas que requerían nuestros servicios, ¿cuál será la tarea que el magistrado considera normal? Por otra parte, Carbone critica la arquitectura abierta que el Banco había elegido como opción y esto prueba, en su opinión, la existencia de un ilícito. Si así fuera, el ambiente informático y los departamentos de sistemas del mundo irían en masa a dar con sus huesos en la cárcel.

Me quedan otras incógnitas para resolver: saber, por ejemplo, por qué IBM me da un trato discriminatorio asistiendo legalmente, excepto a mí, a todos su ex empleados vinculados al caso, incluso a aquellos que se encuentran trabajando para empresas competidoras, y por qué presenta mi nombre al juzgado cuando sus mismos profesionales afirman que yo no tuve en ese negocio ninguna participación.

Tengo, a esta altura, derecho a suponer que el modo en que IBM me presentó a la opinión pública en su comunicado oficial del 14 de septiembre y las declaraciones que sus funcionarios argentinos y extranjeros hicieron en los meses siguientes, autorizaron a los jueces a involucrarme en todos los hechos en que La Corporación aparece cuestionada.

¿Por qué yo?

UNA MAÑANA DE ABRIL me encontré con Licinio Scelzi en la sede del juzgado del doctor Bagnasco. El juez federal había firmado el auto de procesamiento, y yo fui a revisar detenidamente el contenido del expediente; quería tener toda la información para preparar mejor mi apelación a la medida dispuesta por él. Llegué al edificio de Comodoro Pi, ex sede de la Dirección Nacional de Vialidad, enfrente del edificio del Comando en Jefe de la Armada, atrás de Retiro. El prosecretario que me había tomado declaración en marzo, el doctor Gandolfo, me hizo pasar al hall interno que servía de antesala al despacho del juez; sobre una mesa ratona colocó los voluminosos cuerpos del expediente y volvió a su oficina. La sala estaba llena de periodistas y camarógrafos que querían conseguir una nota con el doctor Bagnasco por la explosión de una bomba en el Hospital Naval, donde estaba internado el doctor Bergés, médico famoso por haber participado en las torturas a detenidos durante la represión militar del Proceso.

Yo estaba concentrado en la lectura cuando llegó Bagnasco, que se acercó a saludarme. "¿Qué le pasa? ¿Lo pusieron en penitencia, ingeniero?", me dijo al verme en un rincón tapado por la documentación. "Cuando termine avíseme que quiero charlar un rato con usted", agregó, y se sumergió en el despacho seguido por la corte de periodistas.

Nuevamente concentrado en los documentos, me sorprendí al oír la voz profunda y el lenguaje engolado de José Licinio Scelzi. Alcé la vista y lo vi: entraba con un cliente. El pelo engominado y la piel tostada los 365 días del año, iba vestido con su atildamiento habitual: traje cruzado, camisa de color celeste profundo con cuellos y puños blancos, el pañuelo *negligé* en el bolsillo del saco hacía juego con la corbata. Al verme hizo un gesto de sorpresa:

—Hola, Gustavo, ¡qué sorpresa! ¿Cómo estás?

—Tratando de que no me atropellen más —le contesté sin evitar una sonrisa que descontaba su entendimiento. Scelzi no podía ignorar que yo estaba siendo utilizado como el pato de la boda.

Me preguntó sobre el intercambio de cartas-documento que yo había tenido con Gueiçamburu por las declaraciones que éste hiciera en la revista *Noticias*.

—No estoy satisfecho con la respuesta —le aseguré ya sin sonreír—. Pienso promover una querella por injurias.

Scelzi se quedó pensativo un momento y dijo con aparente amabilidad:

—¿Sabés, Gustavo? Cuando me reúno con Martínez, Murman y Salamanca me dicen que eras un ejecutivo tan exitoso, con una historia de grandes negocios concretados, con una personalidad y un liderazgo especial, con una inteligencia superior, que los inhibiste de oponerse a nada de lo que vos decidiste en el manejo del Proyecto Centenario.

Me sorprendí. Estos hijos de puta no sólo mienten sino que quieren autoconvencerse de la parodia que están inventando, pensé. Le contesté con gesto severo:

—Decíles que les agradezco mucho sus ponderaciones —y me frené para preguntarle mirándolo directo a los ojos—: José, ¿vos podés creer esa historia? ¿A vos te parece que alguien puede creer esa historia?

Scelzi reacomodó el pañuelo en el bolsillo superior del saco.

—Bueno, ése es justamente el problema —contestó con parsimonia—, nadie cree lo que decimos.

—José, ¿por qué no tienen un acto de humildad y realismo y aceptan que si nadie cree lo que dicen, deben estar equivocados? —me embalé.

No tuve respuesta.

Desde el 14 de septiembre de 1995 he pasado muchas horas tratando de entender cómo podía estar, de la noche a la mañana, envuelto en una serie de procesos de investigación, algunos con involucración judicial. Este hecho era de por sí impensable para mí. Pero lo que era absolutamente increíble era tener que enfrentar esos cuestionamientos sin el soporte de La Corporación a la que había dedicado mi vida, en representación de la cual había actuado en todos los hechos cuestionados, y la que había convalidado todo lo hecho. ¿Por qué tenía que hacerme cargo de los honorarios profesionales de los abogados que, al defenderme, tenían que demostrar que los negocios de IBM Argentina eran correctos? ¿Y por qué, a partir de ese momento, tenía que enfrentar mi nueva vida con el estigma al que me condenaba La Corporación al declarar públicamente que un ejecutivo de mi nivel "era el único responsable, por acción, de no cumplir con los procedimientos que la compañía tiene establecidos para la contratación de proveedores"?

¿Qué motivos podían esconderse detrás de una explicación que ni los mismos empleados de IBM Argentina aceptaban en la intimidad de sus diálogos internos?

Meses después alguien me acercó un artículo aparecido en el *Wall Street Journal* el 15 de septiembre de 1995 que empezó a arrojar un poco de luz. El artículo, firmado por Bart Ziegler, un reportero del diario, se titulaba "IBM DESPIDE TRES EJECUTIVOS ARGENTINOS EN MEDIO DE UNA INVESTIGACIÓN DEL CONTRATO CON UN BANCO".

El texto comenzaba con una descripción general del caso, con las típicas menciones a los 250 millones de dólares del contrato, los 37 millones de CCR y el SBL, y las sospechas sobre cohecho. Seguía:

"Si los investigadores argentinos determinan que se realizaron coimas u otros pagos ilegales, IBM podría ser también investigada por las autoridades de los Estados Unidos bajo las prescripciones del Acta de Prácticas Corruptas en el Extranjero, que prohíbe a las empresas americanas el pago de coimas para obtener contratos en otros países."

Más adelante agrega:

"IBM, con Casa Central en Armonk, N.Y., ha tomado muy pocas veces medidas tan severas como el despido de los tres ejecutivos: Ricardo Martorana, el Presidente y Gerente General de la unidad Argentina; Javier Orcoyen, el Vicepresidente de Finanzas, y Gustavo Soriani, su Vicepresidente de Operaciones.

Cada uno de estos ejecutivos ha trabajado por lo menos 25 años para IBM.

"Esta súbita acción, tomada unas pocas semanas después de que la compañía comenzara a investigar la unidad Argentina, podría ser diseñada para ayudar a IBM a defenderse en caso de tener que enfrentar cargos ella misma. 'Echando a esos empleados, ellos están tratando de establecer alguna defensa en caso que haya una acción judicial en Estados Unidos', dijo Kimberley Hill Hoover, una abogada especialista en derecho internacional del estudio Dickstein, Shapiro & Morin en Washington, que no tiene ninguna relación con el caso. 'Si uno puede mostrar que hay algún nivel que tiene las manos limpias, y simplemente tuvo un empleado que se escapó al sistema, esta estrategia generalmente lo acerca mucho hacia una solución acordada' (con el ente investigador)."

Cualquiera que leyera esta explicación podría pensar que fue escrita por uno de mis abogados. Afortunadamente el prestigio y la seriedad del medio que la publica le dan una importancia invalorable. Porque creo que ella encierra el corazón de la estrategia detrás de una decisión cuidadosamente pensada, y más cuidadosamente ejecutada.

Esta teoría del "empleado infiel" se engancha con otro dato que me dio un periodista internacional que me vino a ver para preguntarme algunos datos del Proyecto Centenario. Según él, La Corporación tiene una póliza de seguros internacional que, justamente, la cubre de los daños y perjuicios que le ocasione la actuación de lo que se denomina un "empleado infiel". Si se prueba que la empresa sufre un perjuicio con motivo del comportamiento indebido, fuera de los reglamentos y normas internos, de un empleado, esta póliza le permitiría a IBM recuperar el daño. ¿Que mejor prueba para presentar ante la compañía de seguros que una condena penal que así lo indique?

En el terreno de la hipótesis, porque estas cosas nunca pueden probarse salvo por confesión de las partes, pero basado en la interpretación de quien conoce mucho más que yo los alcances del Acta Anticorrupción y las estrategias que se implementan para evitar su aplicación, a partir de este artículo he podido encontrarle un poco de lógica a una serie de procederes que de otra manera resultan inexplicables.

El Acta cubre acciones llevadas a cabo por empresas de origen estadounidense, aunque los hechos penados se desarrollen fuera de territorio americano, y determina sanciones para la empresa y para los funcionarios involucrados en hechos semejantes. Pero como es lógico, sus penalidades se extienden solamente a aquellas personas que residen en Estados Unidos durante el transcurso de la infracción a dicha norma. Es decir que, si las autoridades argentinas determinaran que hubo un hecho incorrecto en algunos de los negocios bajo investigación, pero no se determinara la responsabilidad por acción u omisión de algún funcionario que residiera en los Estados Unidos al momento de la acción investigada, el Acta no resultaría aplicable a personas, y los ejecutivos de La Corporación quedan a salvo. Además, se asegura el cobro del seguro.

Supongamos por un instante que se pretendiera diseñar una estrategia destinada a proteger a los funcionarios y a una corporación internacional, de los alcances de este Acta Anticorrupción; es imprescindible que el primer nivel de funcionarios de dicha corporación residentes en los Estados Unidos esté a salvo de cualquier sospecha para lograr este objetivo. Aunque esto exija negar que quien fue enviado a controlar y aprobar la oferta cuestionada revisó todos sus componentes.

En segundo lugar, sería necesario generar un nivel de responsabilidad local que actuara como colchón entre aquel a quien se individualice como máximo responsable activo de la irregularidad y el primer nivel de la organización americana. Aparecería entonces la figura de los responsables por omisión de control. Si el presidente de esta corporación en la Argentina fuera solamente responsable de no haber tenido la habilidad de preguntar por lo que debía preguntar o revisar lo que debía revisar, es evidente que no habría hecho un buen trabajo. Pero su jefe, el primer nivel de los Estados Unidos en la línea de reporte, no tendría ninguna responsabilidad en este incumplimiento de una obligación básica gerencial, salvo detectarlo y sancionarlo.

Es evidente que el Nº 1 de la organización local, si esta estrategia es la que se decide implementar, no debería tener ninguna involucración directa en el negocio o en las presuntas irregularidades. Tampoco resultaría digerible determinar que, si hubo un error en un negocio de esta magnitud, fue cometido por los niveles más bajos de la organización. Sonaría demasiado burda la elección del chivo expiatorio.

Siguiendo esta línea de razonamiento, se llega casi inevitablemente a la conclusión de que el responsable tendría que ser alguien de suficiente nivel en la organización como para que no suene demasiado infantil, pero que permita algún nivel de aislación de la organización de los Estados Unidos. De allí a decidir que la mejor elección es el Nº 2 de la organización local, hay solamente un paso.

Ahora bien, queda todavía por definir qué se hace con el resto de la organización que fue parte evidente del manejo de las decisiones y cuya participación está documentada en infinidad de formularios y papeles de aprobación de las transacciones. Acá es donde la estrategia sobre la que estamos haciendo este ejercicio de imaginación termina de cerrar.

La Corporación cierra filas. Una defensa monolítica que convoca a la organización local provoca la inmediata adhesión incondicional a la verdad propuesta. Quién no se siente solidario, aunque sea por un mecanismo inconsciente de autodefensa, con una decisión que se presenta con una apelación al instinto de conservación. Uno no ha participado, tal vez tampoco sepa bien de qué se trata, pero apoyarla significa seguir perteneciendo, conservar el trabajo, el soporte legal y político de La Corporación. Solamente exige que el individuo acepte que el liderazgo descollante y la capacidad personal y profesional de un vicepresidente hacía imposible oponerse a sus decisiones.

A partir del momento en que La Corporación pone en marcha un mecanismo como el que imaginamos, es evidente que se desencadena un proceso interno en casi todos los integrantes de la organización, que han estado sometidos a profundas tensiones. Quieren creer que las cosas fueron como esta estrategia lo exige. Las consecuencias de estar del lado del señalado como responsable pueden ser aterradoras; las opciones posibles son muy pocas. Terminan creyéndolo.

Solamente un compromiso muy profundo con los principios morales y éticos haría que alguien reaccionara desde dentro de La Corporación contra La Corporación misma, y diera el paso que significa declarar que las cosas fueron de otra manera. Es evidente que no se puede pretender tanto de una organización que ha sido educada en el respeto por el poder y la importancia de cualquiera de estas corporaciones.

Quiero demostrar con este ejercicio de imaginación que no es necesaria una confabulación de la que sean partícipes cientos de empleados de distintos niveles y grados de involucración para que se produzca un historia de "yo no fui y todo indica que fue él". Basta solamente con una fuerte señal inicial indicando sobre quién se ha decidido hacer caer el peso de la responsabilidad, y una fuerte indicación de que el soporte será incondicional a quien ayude a sostener esta historia. Es con gestos y no con palabras que se envían estos mensajes, y el instinto de autoconservación de un grupo intelectualmente sofisticado hace el resto.

Sin embargo, si ésta fue la estrategia seguida por La Corporación, no funcionó. Además del Banco Nación, las denuncias se extendieron y se puso en discusión toda contratación realizada por IBM Argentina con algún organismo del Estado nacional, organismos provinciales, y hasta municipales, en los últimos ocho años.

Pero además, la presión internacional continuó creciendo. En *The New York Times* del 9 de marzo de 1996, aparecía en la sección Negocios una noticia titulada "IBM LUCHA CON EL ESCÁNDALO EN ARGENTINA", cuyo texto es el siguiente:

"En Argentina, donde las coimas, los retornos y la corrupción en el gobierno son consideradas parte de la vida diaria, no causó sorpresa cuando en septiembre pasado IBM fue acusada de pagar coimas para obtener un contrato de 250 millones para modernizar las computadoras del Banco Nación, un organismo del gobierno nacional.

"IBM, que mantiene que ni la empresa ni sus empleados han quebrado la ley, despidió a sus máximos ejecutivos en Argentina por lo que la compañía calificó como 'pobres decisiones de negocios' y el Banco de la Nación reemplazó a sus directores por las mismas razones.

"En un país donde los escándalos van y vienen como los cambios del tiempo, y donde nadie es condenado por casos de corrupción, los rápidos cambios en las cúpulas del Banco y de la IBM deberían haber dado por terminado el incidente.

"Pero seis meses más tarde, el escándalo por la coima de IBM todavía es tema de primera página en los diarios de Argentina, ya que todas las semanas se dan a conocer nuevos detalles, manchando la reputación de honestidad del gigante de la informática. Esta semana, la investigación del gobierno sugirió que IBM recargó el precio cotizado al banco en más de un noventa por ciento."

Luego siguen algunos párrafos donde se elabora la idea de que parte del escándalo se debería a una campaña contra el ministro Cavallo, donde se llega a decir: "'Este escándalo no va a morir porque Menem tiene control sobre las instituciones y los mecanismos para mantenerlo vivo, y Cavallo no tiene capacidad para detenerlo', le comentó un ejecutivo bancario, quien aceptó hablar bajo la condición de mantener su nombre en secreto. 'Si Cavallo ya no tiene su nombre inmaculado, es más fácil librarse de él.'"

Pero volviendo a IBM, el artículo continúa diciendo: "Cansada de una seguidilla de noticias negativas, IBM pasó a la defensiva esta semana, comprando espacios de página entera en los periódicos de Buenos Aires y publicando solicitadas que acusan a los expertos convocados por el Poder Judicial de falta de experiencia para evaluar una transacción tan compleja.

"'IBM ha estado haciendo negocios en Argentina desde 1917, y tiene una larga historia de prácticas comerciales correctas', comentó Fred McNeese, Director de Relaciones Públicas Internacionales de IBM. 'Obviamente, la publicidad continua nos está causando problemas'.

"El contrato está siendo investigado en Estados Unidos por el Departamento de Justicia, por el Fiscal de los Estados Unidos para el distrito Sur de Nueva York y por la Comisión de Valores."

De este texto y del llamado realizado por el juez Bagnasco a prestar declaración indagatoria a cuatro funcionarios de la organización de IBM Latinoamérica pareciera desprenderse que la versión de la absoluta desconexión de la organización internacional de IBM del manejo del Proyecto Centenario ya no resulta creíble para muchos de los que están profundizando en el análisis de lo ocurrido.

Qué se jugó en el Proyecto Centenario

LAS CONDICIONES Y ANTECEDENTES parecían destinar a IBM Argentina a niveles de crecimiento impensados. Pero la realidad se complace en contradecir pronósticos y, a cuatro años de aquellas previsiones, la empresa, primera en la encuesta empresaria de la revista *Negocios* durante cuatro años consecutivos, está sumida en el desprestigio, salpicada por decenas de denuncias, acusada de prácticas comerciales ilegales, sospechada de corrupción aquí y en los Estados Unidos, operando a pérdida, corroída por rumores del abandono de sus operaciones en la Argentina, con sus mejores recursos humanos paseando por las oficinas de cuanto *headhunter* hay en el mercado laboral.

El de 24 de julio de 1995 el periodista Daniel Hadad hizo públicos los pormenores de la denuncia de la DGI sobre la presunta evasión impositiva de CCR; luego siguieron las sospechas del fiscal Plée sobre la conexión de estos hechos con irregularidades en la contratación del Proyecto Centenario. A partir de ese momento se han construido muchas hipótesis sobre lo ocurrido.

La opinión más generalizada es que se trató de una contratación dirigida hacia IBM, sobre la base de un acuerdo explícito entre algunos directivos del Banco Nación, la consultora Deloitte, la propia IBM y algunos de sus proveedores, que habrían actuado como pantalla para desligar a la compañía de toda responsabilidad. Es la hipótesis sobre la que se basa el auto de procesamiento dictado por el juez Bagnasco.

Por su parte, como es de público conocimiento también, IBM hace una distinción entre la empresa y sus empleados, al declarar que la compañía actuó correctamente y que si hubo errores o actos ilícitos, éstos fueron obra exclusiva de los empleados, quienes habrían actuado por su cuenta y sin autorización de la misma.

Yo, como uno de los responsables de la marcha de los negocios de IBM Argentina hasta el 13 de septiembre de 1995, y partícipe de muchas de las reuniones y decisiones que se tomaron en este proyecto, sé que esta explicación no es cierta.

Coincido en que es *el error de unos pocos*. Solamente difiero en los nombres de esos pocos, y mi convicción profunda surge de la observación de hasta qué nivel fueron capaces de llevar a la empresa aquellos que livianamente son insinuados como responsables del desastre actual.

IBM Argentina tenía en 1993 un posicionamiento de liderazgo absoluto en el mercado informático argentino, era en la práctica el único proveedor en condiciones de prestar el servicio que el BNA requería, por capacidad tecnológica, estructura en el país, capacidad de financiamiento, antecedentes, envergadura empresaria, etcétera.

El requerimiento de transformar la infraestructura de sistemas del Banco Nación se realizó durante la administración anterior a la del doctor Dadone, y fue recomendado por una de las consultoras internacionales líderes en estrategia de negocios (Booz, Allen & Hamilton). Si el BNA pretendía sobrevivir en un mercado cada día más exigente y competitivo, la necesidad de transformación era genuina e ineludible.

La necesidad de modernizarse era real, y el proveedor mejor colocado para proveer la Integración del Sistema era IBM Argentina. No hay razón para "coimas" ni para salirse de las normas de conducta comercial que La Corporación respetó por décadas. No se ha encontrado un solo elemento en el pliego de condiciones que muestre un direccionamiento que coloque a IBM en mejores condiciones frente a la competencia. Los mismos competidores, y los funcionarios del Banco que se oponían acérrimamente a este proyecto, han reconocido que el pliego no contenía cláusulas de direccionamiento.

La manera como IBM resolvió el alejamiento de su cúpula directiva local promovió otra hipótesis: la maniobra fue acordada por ellos en beneficio propio, en particular por mí. Yo me quedaría con parte del dinero de la compra de un servicio innecesario como el contratado a CCR, con la complicidad o por lo menos la falta de control de mi jefe y del Vicepresidente de Finanzas.

Creo haber demostrado que la contratación fue llevada a cabo por los carriles normales de la empresa, con la vista y aprobación de todos los niveles locales e internacionales que marcan los procedimientos, y sin que hasta el momento IBM haya podido indicar con precisión cuáles son los procesos que no se habrían cumplido. Mi situación económica actual es la mejor prueba de la falsedad de este planteo. Yo no recibí un solo dólar ni fui instrumentador de ninguna maniobra dolosa para hacer factible un traspaso irregular de dinero.

Por otra parte, todas las declaraciones públicas y en la causa reconocen la validez del SBL como solución temporaria de emergencia para el caso de una paralización en el soporte del Hogan, e incluso a mediados de este año se barajaba en los medios la hipótesis de usar este *software* como una solución al problema del atraso que se había producido en la instalación del Hogan.

Se discute si fue una buena decisión la forma de contratarlo, y el haber aceptado que la provisión la hiciera CCR en lugar de CONSAD. Por algún motivo no hubo una sola oposición a esta contratación que requirió de muchas firmas y autorizaciones: nunca podrá imputarse el error a una sola persona.

Con respecto a la cesión de los derechos de CONSAD a CCR, está probado que en la percepción de la gente de IBM y del mercado, ambas empresas formaban parte de un mismo grupo. Además se implementaron las cláusulas contractuales que aseguraron la solidaridad entre ambas en la provisión del servicio. Por otra parte, las presuntas evasiones fiscales de CCR podría haberlas cometido CONSAD, que de acuerdo a la DGI ya lo había hecho en otros casos. La utilización como pantalla de una empresa cuyo presidente es cuñado de Juan Carlos Cattaneo no parece ser una estrategia para desligarlo a éste de una potencial maniobra delictiva.

Hasta aquí no parece lógico ni justo adjudicarle a IBM ni a sus empleados una participación voluntaria en la maniobra que se supone armada para defraudar al Banco de la Nación Argentina. No aparece un móvil, y la transacción que sustenta la sospecha (el uso del SBL como solución de emergencia temporaria) es una decisión empresaria con soporte técnico cuyo costo no fue trasladado al Banco porque su contratación fue posterior a la fijación del precio entre el BNA e IBM Argentina.

Pero se sospecha que hay muchos millones de dólares que partieron para Suiza y no tienen un destinatario conocido. La Dirección General Impositiva ha denunciado que CCR contabilizó facturas de origen dudoso o incorrecto como gastos por servicios contratados y que hubo cheques cobrados por personas que dieron explicaciones no creíbles, y hasta por algunas que a esa época habían fallecido. Está claro que algo pasó.

En los medios periodísticos han aparecido muchas teorías sobre supuestos titulares de las cuentas en Suiza y Nueva York donde se transfirieron parte de los montos girados por CCR. Se vinculó a esas cuentas a varios directores del Banco y también se mencionó a personas relacionadas con los hermanos Cattaneo, tales como Ignácio García del Río, a algunas personas relacionadas con la Subsecretaría de Informática, y hasta se generan versiones de alcances aun más altos en la estructura de varios ministerios. Hasta el ex Administrador Nacional de Aduanas, Walter de Fortuna, fue mencionado por un medio periodístico como el probable titular de la cuenta del Citibank en Nueva York.

Ninguna de estas versiones ha sido confirmada hasta el momento en que yo escribo estas líneas, y por supuesto yo desconozco si tienen algo de cierto. Pero no podría cerrar esta historia sin dar mi opinión sobre un hecho del que yo no puedo afirmar que no tenga algún aspecto irregular. Y sobre todo, no sería sincero si dijera que no me ha llevado a construir mi propia hipótesis de los acontecimientos.

El éxito de IBM Argentina, acentuado en los últimos diez años por resultados extraordinarios, la convirtieron en el proveedor casi obligado del mercado argentino para proyectos de envergadura. Me refiero a las reparticiones públicas y a las empresas de servicios públicos, que por la dimensión de los volúmenes de información que manejan, siempre representan los proyectos más significativos del mercado.

Una prueba de esta situación es que todas las empresas privatizadas renovaron su infraestructura informática luego de ser transferidas a manos privadas, y contrataron con IBM. En algunos casos tambien se diversificó la plataforma, pero en todos los casos IBM siguió siendo el proveedor principal.

Es decir, el hecho de que IBM Argentina fuera la empresa mejor posicionada frente a un proyecto de la envergadura del Centenario era casi un dato desde mucho antes de licitarse. También era conocida la estrategia de La Corporación de derivar a proveedores todas las tareas no estratégicas en los proyectos de integración. Esta decisión se basaba en el deseo de la empresa de reducir el ingreso de personal al mínimo indispensable, dado el costo de separación del mismo cuando se terminaba el proyecto.

Era posible entonces que cualquiera que siguiera el mercado, o que estuviera en relación con los planes de desarrollo del Banco, se diera cuenta de que en este negocio había oportunidades de ganancia importantes para muchos proveedores que se harían cargo de tareas no sofisticadas técnicamente, pero que requerían de mucha mano de obra. Además, el hecho de que la cotización sería llave en mano aumentaba la ganancia, si todo funcionaba correctamente.

También era casi un dato que CONSAD fuera el proveedor principal de IBM en el área de aplicaciones bancarias, y la principal empresa en el mercado por la cantidad y capacitación de su personal. Era casi obvio entonces que CONSAD tendría algún papel importante en este proyecto. De manera que es posible que haya habido interesados en participar de este negocio, y también que se hayan acercado a los directivos de CONSAD a expresar este interés y proponer formas de instrumentar su participación.

La aparición de CCR y la cesión de los derechos del SBL a esta empresa siempre me parecieron una manera de transferir esa parte del negocio a una estructura accionaria diferente de la que tenía CONSAD. Es decir, la única explicación razonable que yo le encontré a esa cesión era que se había decidido manejar ese negocio con otros accionistas —como todo seguro, tenía la posibilidad de un beneficio importante si el siniestro no ocurría.

Los controles que tiene IBM para los proveedores, por los que pasó CCR, no incluían averiguar quiénes eran los accionistas o si se trataba de testaferros. Las declaraciones de los directivos de CCR, y el hecho de que haya tanta resistencia en dar a conocer los nombres de quienes habrían recibido el dinero girado a Suiza y a los Estados Unidos, admiten la hipótesis de que éstos sean inversores del exterior, o que los titulares sean algunos de los mencionados en los trascendidos, quienes tendrían algún tipo de incompatibilidad entre su función oficial y la participación como proveedor de IBM en el proyecto.

¿Mi pecado puede haber sido no profundizar la investigación sobre quién estaba, en última instancia y a través de testaferros, detrás de cada una de las empresas proveedoras de IBM Argentina? El tribunal lleva ya más de dos años de investigación, con herramientas mucho más poderosas que las que yo hubiera tenido en ese momento a mi alcance, y todavía no ha podido determinar un solo destinatario de los depósitos cuestionados. ¿Cómo hubiera podido hacerlo yo? Además, si esa es mi responsabilidad, ¿quién de IBM está exento de la misma? ¿O nadie había oído hablar de CCR hasta el día que comenzaron las denuncias?

Si detrás de esta licitación hay algún funcionario público que no cumplió con sus obligaciones, esto no fue llevado a cabo con mi participación, ni creo que con la de ningún otro funcionario de IBM. Hubiera sido imposible pasar por toda la administración una irregularidad como ésta sin que fuera detectada antes, o cuando las auditorías de La Corporación revisaron la operación durante 1994.

En síntesis, creo que en el ambiente de corrupción generalizada que se vive hoy, donde todos los días descubrimos con asombro nuevas y sofisticadas maniobras de eludir las normas a que deben atenerse los funcionarios públicos, no se puede descartar que alguien haya entrevisto esta oportunidad y, con ello, haya instrumentado una manera de participar del beneficio del negocio de proveer a IBM de una parte de los servicios necesarios, a pesar de que su función no se lo permitiera. Y esto vale para éste como para cualquiera de los otros negocios objetados donde la participación de IBM era casi cantada.

Pero quiero enfatizar el hecho que para llevar a cabo esta maniobra no era necesario llegar a un acuerdo previo con IBM. En su afán de tomar distancia de los hechos investigados, este punto no ha sido suficientemente aclarado por La Corporación ni por ninguno de sus empleados, que basan su argumentación en un inocente "yo no sé nada" que sólo agrega más y más dudas al tema.

Mi hipótesis de la situación es que se deben considerar dos puntos:

1. La cesión del SBL a CCR tiene por objeto derivar a otros socios el negocio que se genera a partir de su inclusión en el Proyecto Centenario como solución de emergencia alternativa. Estos nuevos socios pueden ser genuinos o testaferros de algunas personas con incompatibilidades para hacer negocios con el Banco Nación o con el Estado. Creo que si esto último es cierto, no es algo que se pueda achacar a IBM o a sus empleados, siempre que no lo conocieran previamente. Yo no lo sabía ni lo sé hoy, y nunca supe que alguien de IBM lo conociera.
2. La presunta evasión impositiva de CCR, que en parte habría sido reconocida al acogerse al régimen de regularización de pagos del año 1995, es un tema independiente y que se explicaría como cualquier otra evasión impositiva. Es una manera de agrandar las ganancias mediante una infracción a la ley tributaria y esto podrían haberlo decidido los accionistas de CCR, cualquiera fuera su origen.

En la Argentina de hoy es sabido por todos que hay funcionarios que usan su posición en el gobierno para beneficiarse económicamente. Durante más de diez años yo fui el responsable del manejo de las operaciones comerciales de IBM Argentina, y como tal no ignoro que situaciones como éstas son comunes en el mundo, y en nuestro país en particular. Sé también que IBM y los empresarios argentinos son conscientes, aunque no lo reconozcan públicamente, de que esta realidad existe. La experiencia muestra que es muy difícil combatirla porque se instrumenta de maneras sofisticadas e imposibles de probar. Por eso el mundo empresario ha terminado por acostumbrarse a ella; hace la vista a un lado y convive con ella.

Cuando la Justicia logre dilucidar quiénes son los titulares de las cuentas, se podrá verificar la veracidad de mis afirmaciones.

Una empresa y sus credos

HAY UN LIBRO QUE TODOS los que trabajamos en IBM conocemos a la perfección: *Una empresa y sus credos, las ideas que cimentaron IBM.* Fue escrito por Thomas Watson Jr., el hijo del fundador de La Corporación, para dejar registrado cuáles eran los principios que se debían mantener en la empresa. Este libro, que reúne los conceptos fundamentales de Thomas Watson Sr., ha sido y es constantemente nombrado por quienes dicen defender el prestigio y las conductas de La Corporación. Me pareció importante incluir algunas citas del mismo, para entender cuáles eran el criterio y la filosofía que sostenían estos credos básicos.

"Creo firmemente que para sobrevivir y tener éxito, toda organización debe sustentar una serie de credos, sobre los cuales ha de basar todas sus normas y actos. Además, creo que el factor individual más importante para el éxito de una empresa es la fiel observancia de esos credos.

"Y, finalmente, creo que para que una organización pueda responder a los desafíos de un mundo en

constante evolución, debe estar dispuesta a aceptar cambios en cualquier aspecto de su vida como compañía, menos en esos credos.

"RESPETO POR EL INDIVIDUO

"Deseo comenzar con el que considero más importante: nuestro respeto por el individuo. Algunas personas que comienzan su carrera en circunstancias modestas, sienten cierto desprecio por el hombre medio cuando consiguen sobrepasar su nivel. Otros, cuando llegan a convertirse en dirigentes, han adquirido singular respeto y comprensión por el hombre medio y entienden sus problemas. Reconocen que en un país industrial moderno, los menos afortunados suelen ser víctimas de fuerzas que no dependen de ellos. Esta actitud es la base de muchas de sus decisiones referentes al personal. T. J. Watson pertenecía a esta última categoría. Había conocido las épocas difíciles, el trabajo agotador y la desocupación, y siempre comprendió los problemas del trabajador. Más aún, reconocía que el mayor de esos problemas era la estabilidad en el empleo."

Más adelante, y refiriéndose a las épocas difíciles de CTR, cuando su padre se hiciera cargo de la conducción de la empresa, agrega:

"A pesar del dudoso futuro de la compañía, nadie fue despedido. T. J. Watson no reorganizó discrecionalmente. Se dedicó, en cambio, a capacitar empleados y a tratar de lograr el éxito con los elementos que tenía a su disposición.

"Hubo momentos en que podríamos haber ahorrado muchos sueldos si hubiéramos elegido el camino más fácil. Por ejemplo en la época de la Gran Cri-

sis (1930), cuando casi la cuarta parte de la mano de obra civil quedó desocupada, la IBM inició un programa de expansión. En lugar de recurrir a los despidos masivos de personal de fábricas, la IBM se dedicó a producir piezas para almacenarlas."

* * *

Las actuales autoridades de IBM Argentina han implementado, a principios de 1996, un plan de retiro forzado para una parte importante de su personal, el que se habría visto obligado a aceptar la terminación de su empleo a cambio de una suma de dinero.

* * *

"SERVICIO AL CLIENTE

"Hace años publicamos un aviso en letras destacadas que decía simplemente: IBM means service (IBM significa servicio). *He pensado mucho que éste ha sido nuestro mejor aviso. Indica con claridad y precisión cuál es nuestro objetivo. Es también una expresión sucinta del segundo credo básico de nuestra compañía: queremos brindar a los clientes el mejor servicio posible.*

"En una compañía como la nuestra, la reputación de dar buen servicio es uno de los principales bienes de capital. Muchas operaciones realizadas por nuestras máquinas son vitales para los negocios de nuestros clientes. Si estuvieran inactivas mucho tiempo, las consecuencias serían ruinosas."

* * *

Este principio pareciera haberse escrito pensando en la solución de emergencia temporaria para el Proyecto Centenario. La previsión de una salida alternativa de emergencia para cubrir una circunstancia que podría haber paralizado el proyecto está en línea con el segundo credo básico.

Guardar el dinero y esperar que la crisis no se produzca, haciéndole sufrir al cliente las consecuencias si el problema se presentaba no hubiera sido coherente con la política de IBM. Siempre tomamos todas las precauciones para minimizar el impacto en el cliente de una circunstancia probable, contratando los servicios que ya se habían previsto entre los costos potenciales.

* * *

"LA BUSQUEDA DE LA EXCELENCIA

"El tercer credo de la IBM es realmente la fuerza que hace efectivos los otros dos. Creemos que una compañía debe encarar todas sus tareas con la idea de que se puede cumplirlas de manera óptima. La IBM espera y exige el mejor desempeño de su personal en cualquier tarea que realice.

"Mirando hacia atrás, puedo ver que muchas de las cosas que hicimos en los años de formación de IBM no tenían nada de científicas. Pero creo que en una organización, hay ocasiones en que el instinto de la conducción y el golpe de efecto son muchas veces más importantes que ajustarse a los cánones establecidos para la buena administración.

"Kierkegaard llegó a la siguiente conclusión: es posible domesticar gansos salvajes; pero nunca es posible volver salvajes los gansos domesticados. También se podría agregar que el ganso domesticado ya nunca más irá a ninguna parte."

* * *

Las actitudes tomadas conmigo por la empresa no parecen ser la mejor manera de señalar a sus empleados que se incentiva la toma de decisiones en base al instinto gerencial, ni que las actuales autoridades, a diferencia de Tom Watson, quieran tener una compañía de gansos salvajes.

Este resumen de los párrafos más importantes del libro de Watson contiene la verdadera filosofía que llevó a IBM a los lugares de privilegio que ocupa. Estos tres credos básicos, únicas columnas inamovibles que reconoce el fundador de la empresa, no son generalmente divulgados con esta precisión y transparencia para poder atribuirle ese carácter a cualquier afirmación cuya conveniencia coyuntural se quiera enfatizar.

La mejor manera de cerrar esta corta pero sustanciosa cita, es con las mismas palabras de Watson:

"Pero antes de concluir con este aspecto de las actitudes y las comunicaciones, hay un punto sobre el cual tengo verdadera preocupación: la actitud cautelosa de tantos jóvenes que actualmente ocupan cargos de gerentes de nivel intermedio. Parecen remisos a arriesgarse o a seguir una corazonada.

"Esto no siempre denota falta de coraje. Cometen a veces el error de creer que la gerencia superior aprecia más la forma que cualquier otro factor. Yo quisiera poder aguijonear e infundir más temeridad a estos hombres responsables de tomar decisiones. Cada vez que en IBM avanzamos un paso, fue porque alguien se atrevió a correr un riesgo, a exponer su cabeza y a intentar algo nuevo."

Un año después: 13 de septiembre de 1996

EN LOS ÚLTIMOS DOCE MESES me ha tocado vivir una de las experiencias más duras y desconcertantes por las que puede pasar un hombre de carrera. Durante veintiséis años puse todas mis capacidades y energías al servicio de una de las empresas más admiradas y exitosas del mundo, a la que me entregué de cuerpo y alma.

A partir de mi acceso a la Vicepresidencia de Operaciones de IBM Argentina en 1993, había entrado en la etapa más productiva y brillante de mi carrera ejecutiva. Tenía una compensación y un conjunto de beneficios comprometidos por la empresa que me aseguraban un porvenir claramente desahogado; se abrían ante mí las puertas de una carrera internacional fascinante y contaba con el reconocimiento a mi trabajo profesional por parte de todos los niveles de La Corporación, que mostraban ante las IBM del mundo nuestros resultados y estrategias como ejemplo. En ese momento explotó una bomba.

Los mismos funcionarios de La Corporación que

me habían llenado de elogios durante esos años, que habían chequeado hasta el hartazgo mis virtudes y defectos personales y profesionales antes de abrirme el camino hacia las máximas posiciones ejecutivas de IBM, me despidieron “sin causa justificada”, sin la menor explicación ni consideración. Me expusieron ante las autoridades judiciales como el responsable central de una maniobra por lo menos irregular, sobre la que no aportaron más que generalidades. Una y otra vez exigí formalmente que se aclarara cuáles eran los procedimientos internos que yo había violado. No obtuve ninguna respuesta.

También frente a la opinión pública me presentaron como el único responsable. Esta imagen trascendió las fronteras del país para pasar a ser noticia de tapa de las publicaciones más importantes de los Estados Unidos y de Europa. A partir de ese momento, la construcción aparentemente indestructible que parecía ser mi vida profesional se derrumbó. Desde el 14 de septiembre de 1995 he pasado a ser un desocupado más en esta dura realidad de la Argentina de hoy. He tenido que cambiar mi rutina de largas horas de trabajo en mi oficina del piso 20 del edificio de Catalinas por igualmente largas horas de reuniones en estudios jurídicos, análisis de documentación, lectura de declaraciones y presencia en los juzgados.

Mi privilegiada posición económica del pasado y la perspectiva de tranquilidad que representaba el retiro acomodado que IBM me había asegurado han cambiado radicalmente. Lo que es más grave, mi posición, admirada por muchos y envidiada por otros tantos, era el ejemplo práctico del feliz camino de la realización personal, donde se conjugaban el esfuerzo y la capacidad de un individuo común al servicio de una gran empresa. De la noche a la mañana me han convertido en el paradigma del comportamiento corrupto y el manejo deshonesto.

En un país donde las personas que son filmadas y detenidas en el mismo momento de hacer entrega de los sobres con los billetes de la coima, resultan inmediatamente liberadas por la Justicia, donde los jueces a los que se graba en el momento preciso en que solicitan una suma de dinero para condicionar el dictado de una sentencia, pueden renunciar a su cargo para eludir así el trámite constitucional del juicio político, yo he sido condenado públicamente por un hecho que IBM nunca explicó más que con vaguedades impropias para una medida de semejante gravedad y trascendencia.

Ante una transacción comercial de una complejidad sin antecedentes en el mercado informático argentino, la superficialidad de muchos y los ocultos intereses de otros tantos han repartido responsabilidades como mejor convenía a sus propios deseos o intereses. A mí se me despide "sin causa justificada" para poder mantener la ficción que La Corporación inventó: la organización no tuvo ninguna participación en el negocio, los errores fueron solamente de unas pocas personas.

He escuchado asombrado opiniones críticas sobre el Proyecto Centenario de parte de empresarios a quienes vi rebajarse hasta límites inadmisibles para su propia dignidad, con tal de obtener una silla más cercana al funcionario de turno en la mesa del banquete, o la promesa de algún beneficio para su actividad particular. He oído a muchos políticos y funcionarios condenar con indignación, y hasta con cierta cuota de sorpresa y horror, hechos irregulares ligados con negocios de IBM que son solamente producto de sospechas o de lucubraciones interesadas y, en el caso de resultar ciertos, en lo que a mí concierne, nadie puede afirmar con fundamento mi participación voluntaria en dichas irregularidades.

A esos mismos funcionarios los he visto también participar, sin esa misma cuota de indignación, en pantagruélicas comidas, regadas con inagotables dosis de alcohol y pagadas con los gastos de representación de los empresarios que los cortejan durante los coloquios o congresos en los que supuestamente se debaten los acuciantes problemas por los que atraviesa el país. En esos congresos y coloquios, a los que asistí durante años, vi a dirigentes políticos y gremiales desparramar fortunas sobre las mesas de juego de los casinos anexos al punto de reunión "casualmente" elegido, sin el menor atisbo de vergüenza y ante la mirada indiferente, cuando no festiva, de los dirigentes empresarios que hoy declaman su preocupación moral por el nivel de corrupción de la Argentina.

Esta traumatizante experiencia, que con su inmensa carga de dolor ha contribuido al mismo tiempo a mi maduración como ser humano, es la que me movió a volcar en esta líneas la parte de mi vida que se ha convertido en pública. Esta es mi versión sobre una cantidad de hechos de los que he sido un protagonista relevante. Tiene toda la carga de la pasión personal que vuelco en las tareas en que me comprometo. Tiene también la carga de subjetividad inevitable de quien ha sido protagonista de los hechos que relata, pero todo lo que expreso está basado en la verdad y en acontecimientos reales que constan en los documentos disponibles en la causa.

Este libro tiene también el propósito de hacer pública una posición que figura documentada en el voluminoso expediente generado en el tribunal, donde muchos de los que compartieron conmigo largas horas de trabajo, muchos éxitos y algunos fracasos, que me manifestaron su amistad incondicional y declamaron su admiración por mi honestidad y mi capacidad profesional, prefirieron mentir, falsear los hechos, y hasta parecer casi convencidos de mis actividades corruptas antes que enfrentarse con la circunstancia de tener que defender las decisiones que compartieron y avalaron con su firma.

Pretendí también dejar constancia de una historia que el poder económico y político de una corporación está empeñado en ocultar. Estoy convencido de que la sola lectura de las contradicciones incurridas por aquellos empleados de IBM Argentina que han reconocido la comisión de hechos inaceptables en el desempeño de su función profesional y/o gerencial, y que sin embargo no han sido sancionados por la empresa, que además les provee la defensa legal, muestra a las claras dónde está la verdad.

Es bueno que se sepa cómo un grupo de profesionales argentinos distinguidos y respetados, supuestamente orgullosos de su nivel profesional y de la organización de la que forman parte, son capaces de declarar públicamente que todo lo que se hizo mal es producto de esa misma organización local, y que fuera de la Argentina no se cometió ningún error, y que en realidad se ignoraba lo que sucedía. La posibilidad de disgustar a La Corporación les ha hecho olvidar el respeto por su propia persona.

Quiero dejar constancia del proceder de aquellos que desde su posición en la estructura empresaria fuera del país se llenan la boca con su desconocimiento sobre lo actuado y con los principios éticos de la compañía, pero no se presentan a declarar ante el juez de la causa, frente al que yo estuve más de veinte horas.

Hoy, mientras se ha resuelto mi procesamiento en las investigaciones que se siguen por las contrataciones del Banco de la Nación y del Banco de Santa Fe, y están en marcha las que revisan lo actuado en contrataciones como las de las provincias de Mendoza y de Córdoba, de la Dirección General Impositiva, del ANSeS, valoro el costado positivo de esta experiencia. He podido comprobar la fortaleza de los afectos realmente valederos. El valor incalculable del amor de María Laura, mi mujer, que no ha desfallecido ni un instante en su complicado y desgastante papel de sostener la estabilidad de nuestro grupo familiar, sacudido en sus cimientos más profundos.

También me ha servido para darme cuenta de lo mucho que habían crecido mis seis hijos, y que todo el cariño que nos habíamos intercambiado durante muchos años no había sido en vano. Cada uno en su papel, con su propia personalidad y en la medida de sus posibilidades, me ha ayudado a entender que la vida todavía tiene muchas cosas por las que vale la pena seguir luchando. Los mayores han asumido la responsabilidad de hacerse cargo de su propio mantenimiento económico y el pago de sus estudios, y todos han tenido que sufrir, sin el menor reproche, el ver a su propio padre en la primera plana de los medios con los peores titulares.

Desde el punto de vista personal, me ha servido para descubrir cuán ilusoria es la atmósfera que La Corporación construye alrededor de sus empleados y funcionarios. Me hizo entender que IBM sólo me había prestado cosas, mientras yo le iba entregando lo único valioso e irrecuperable que tenemos, nuestra propia vida. No sólo me lo había prestado sino que me mostraba, con una ferocidad sin límite, que estaba dispuesta a sacármelo todo tan pronto como le fuera conveniente, o en cuanto yo no aceptara someterme a la omnímoda voluntad de quienes, coyunturalmente, tenían más poder que yo en la estructura empresaria.

He aprendido que nada es eterno, que nunca se puede sentir que se ha llegado, y que el valor que nos demos a nosotros mismos es lo único que nadie nos puede sacar, y lo único que nos va a acompañar hasta la muerte. Hoy, cuando pareciera que todas las opciones que se presentan para mi futuro son sombrías, me siento con todas las fuerzas para empezar de nuevo.

Estoy seguro de mis principios morales, de mis valores personales y de mi capacidad profesional. Los pocos amigos que me quedan me valoran por lo que soy y no por lo que tengo. Todo esto es mucho más que lo que tienen muchos, y me obliga a sentirme agradecido a la vida. Me obliga también a poner toda mi capacidad y mi esfuerzo en hacer de este nuevo proyecto de vida que estoy empezando, una realidad en la que nada se negocie y todo lo que haga sea producto de mis convicciones más profundas y de mi libertad más absoluta.

El futuro está ahí para que cada uno de nosotros lo construya como quiera. Me siento con fuerzas y con muchísimas ganas. Sé con quién puedo contar. Solamente me queda ponerme a caminar.

Si, como se dice todos los días, ha llegado la hora de terminar con la corrupción en la Argentina, si la *mani pulite* ha desembarcado en estas tierras, yo voy a ser protagonista de esta tarea. Pero vamos a sacarnos todos la careta y a llamar a las cosas por su nombre.

Epílogo

ROBELÍ LIBERO: En 1993 era Presidente y Gerente General de IBM Latinoamérica. La Corporación anunció su retiro a partir del 31 de marzo de 1996. No pertenece más a la compañía. Fue citado a declaración indagatoria por el juez Bagnasco. No se presentó.

PETER ROWLEY: En 1993 era Vicepresidente de Operaciones de IBM Latinoamérica. En octubre de 1995 se anunció su traslado a IBM Europa como Vicepresidente para Grandes Clientes. No pertenece más a IBM Latinoamérica. Fue citado a declaración indagatoria por el juez Bagnasco. No se presentó.

STEVE LEW: En 1993 era Gerente Responsable de Integración de Sistemas en IBM Latinoamérica. Hasta el momento no se ha presentado a explicar su actuación en el Proyecto Centenario, a pesar de haber sido citado a prestar declaración indagatoria por el juez Bagnasco. Permanece en La Corporación.

DAVID CARTENUTO: En 1993 era abogado de IBM Latinoamérica. Fue reemplazado en su puesto en IBM Latinoamérica en 1996. Continúa trabajando para La Corporación. Fue citado a declarar por el juez Bagnasco. No se presentó.

MARCIO KAISER: En 1993 era Director de Servicios de IBM Latinoamérica. Renunció a La Corporación en 1994. Actualmente es el Gerente General de Oracle Brasil. Fue citado a declaración indagatoria por el juez Bagnasco. No se presentó.

JUAN CARLOS MARTÍNEZ: En 1993 era Director de Servicios de IBM Argentina. Sólo fue citado a declarar como testigo en la causa Banco Nación. Fue asignado a IBM Brasil en julio de 1996. Continúa en La Corporación.

JOSÉ SALAMANCA: En 1993 era Director del Sector Banca y Entidades Financieras. Se lo mantuvo en su cargo hasta que el juez Bagnasco dictó el auto de procesamiento el 2 de abril de 1996. Causa apelada. A partir de ese momento fue asignado a una misión especial dependiendo del Gerente General de IBM Argentina. Continúa en La Corporación.

GABRIEL MURMAN: En 1993 era el Gerente de IBM a cargo del Banco Nación. Se desempeñó como Gerente de Sucursales del Interior hasta que el juez Bagnasco dictó el auto de procesamiento el 2 de abril de 1996. Causa apelada. A partir de ese momento fue asignado a una misión especial dependiendo del Gerente General de IBM Argentina. Continúa en La Corporación.

HÉCTOR NEIRA: En 1993 era Representante de Ventas a cargo del Banco Nación. Fue despedido "sin causa" de IBM Argentina a fines de 1995. No se le dio ninguna explicación sobre los motivos de la medida. Procesado por el doctor Bagnasco en la causa Banco Nación. Causa apelada.

Carlos Guaia: En 1993 era Gerente del Departamento Legal de IBM Argentina. Renunció de común acuerdo con La Corporación en diciembre de 1995 y mantuvo un contrato de servicios por seis meses. Actualmente tiene un estudio jurídico.

Licinio Scelzi: En 1993 fue contratado como abogado externo para el manejo de la causa Banco Nación. Luego se le encomendó también la causa Banco de Santa Fe, de la que fue desvinculado en agosto de 1996, cuando se dictó el auto de procesamiento. Continúa como asesor de La Corporación en el caso Banco Nación.

Juan Carlos Cattaneo: En 1993 era asesor estratégico de la Presidencia de CONSAD. Debió renunciar a su cargo en la Secretaría General de la Presidencia de la Nación en agosto de 1995 a raíz de la trascendencia que tuvieron las hechos del escándalo IBM-Banco Nación. Procesado por el doctor Bagnasco en la causa Banco Nación. Causa apelada. Se dice que actualmente colabora con la empresa UNISYS.

Ricardo Martorana: En 1993 era Presidente y Gerente General de IBM Argentina. Fue forzado a renunciar el 13 de septiembre de 1995. Procesado por el juez Bagnasco en la causa Banco Nación. Causa apelada.

Javier Orcoyen: En 1993 era Vicepresidente de Finanzas de IBM Argentina. Fue forzado a renunciar el

13 de septiembre de 1995. Desde diciembre de 1995 es Gerente de Comercialización de La Serenísima. Declarado falta de mérito por el doctor Bagnasco en la causa Banco Nación.

GUSTAVO SORIANI: En 1993, Vicepresidente de Operaciones de IBM Argentina. Despedido "sin causa" el 13 de septiembre de 1995. Procesado por el juez Bagnasco en la causa Banco Nación. Causa apelada. Procesado por el juez Carbone en la causa del Banco de Santa Fe. Causa apelada.

APÉNDICE

La causa penal 838/94

La causa que dio origen a toda la investigación se inicia a mediados de 1994 con una denuncia realizada por Santiago Pinetta, un periodista que había publicado un trabajo de investigación llamado *La Nación robada,* en el que se analizaban críticamente una serie de decisiones de la administración de Domingo Cavallo. Entre diversas acusaciones relacionadas con privatizaciones, Pinetta denunciaba algunas medidas tomadas por el Directorio del Banco Nación, y mencionaba al Proyecto Centenario. De todas maneras, durante casi un año la causa tuvo muy poco movimiento: cuando en junio de 1995 IBM Argentina hizo una presentación espontánea explicando lo actuado en la licitación, el expediente estaba todavía en su primer cuerpo y tenía menos de ciento cincuenta hojas en total.

En esa época, el fiscal Plée le acerca al fiscal de la causa, el doctor Cearras, un escrito donde resume sus sospechas que conectan la denuncia de Pinetta con la de la DGI ante el Juzgado Penal Económico a cargo del doctor Tiscornia. Es a partir de ese momento que la causa toma una dinámica distinta y, coincidiendo con la trascendencia periodística del tema, los acontecimientos se aceleran.

No es mi propósito efectuar un relato cronológico del contenido de la documentación de la causa, que aparte de resultar sin duda aburrido para el lector no especializado, resultaría seguramente incompleto y no contribuiría en nada a la mejor comprensión del tema. Pero sí me parece interesante transcribir algunos detalles que a mi entender demuestran actitudes y conductas que no son hoy conocidas por el público en general y demuestran la inconsistencia de los argumentos que se han esgrimido para acusarme.

Documentación de auditoría

Cuando se produce el cambio de la cúpula gerencial de IBM Argentina, el juez le envía una cédula a la empresa, solicitándole que envíe la documentación de la Auditoría Interna sobre el proyecto que motivara nuestra separación. Un tiempo después, IBM Argentina presenta un documento firmado por su nuevo Presidente, Wilmer Gueiçamburu, en el que se afirma que *las decisiones tomadas surgieron del análisis de presentaciones orales a los Directivos de la Corporación y* ***están desprovistas de un reporte documentado de los hechos.*** También agrega que *los desvíos en procesos que estaban claramente instituidos por IBM y el acuerdo de pago por una contingencia, independientemente de que la contingencia se produjera o no, llevaron a la Corporación IBM* a desvincular al ingeniero Soriani y a solicitar la renuncia de los señores Ricardo Martorana y Javier Orcoyen. En el informe no se detalla ni se describe ninguna de las normas internas que se afirma se habrían violado.

Parece extraño que una medida de esta gravedad, que implica la separación de los tres máximos funcionarios de la organización en el país, en el medio de un proceso que está bajo análisis por la justicia penal, no se documente como se acostumbra en organizaciones del tamaño y la cultura de IBM.

Unos días después, en otra nota presentada por la empresa, y en la que se informa al juzgado que la Casa Matriz de IBM ha solicitado a IBM Argentina el envío de toda la documentación presentada por la empresa en la causa, se agrega un "informe preliminar" de su Auditoría Interna sobre la contratación de CCR, sin firma y sin membrete, fechado en julio de 1995. Una aparente contradicción con lo afirmado en la respuesta a la solicitud original del juez.

Con posterioridad a este hecho, son llamados a presentar declaración testimonial dos de los auditores de IBM Argentina y el Gerente de Auditoría Interna de la compañía, Oscar Girón, quienes presentan dos nuevas versiones de los informes preliminares sobre la contratación de CCR, uno de fecha 7 de agosto y el otro de fecha 15 de agosto de 1995, ambos firmados por los auditores. Es decir, dos versiones posteriores a la presentada por IBM donde afirmaba la no existencia de documentación escrita sobre la auditoría realizada.

Es interesante ver que en el informe de fecha 15 de agosto, el último de los presentados, *se indica que Steve Lew, profesional de IBM Latinoamérica enviado a Buenos Aires a revisar la oferta a ser presentada al BNA, autorizó la contratación del SBL como parte del proyecto.*

En su declaración, Girón dice que la documentación que respalda la contratación de CCR es:

* El documento de negocios firmado por Soriani, Murman y Neira. (No menciona ninguna irregularidad en el mismo.)
* El requerimiento de Orden de Compras autorizado por Soriani, Martínez, Sant Ambrosio y Salamanca. (Sin irregularidades.)
* Nota de direccionamiento autorizada por So-

riani, Martínez, Salamanca y Sant Ambrosio. (Sin irregularidades.)

En su declaración no deja constancia de que haya habido reserva alguna por parte de los firmantes sobre su acuerdo con el contenido de los documentos mencionados. Y también informa que esta documentación es idéntica a la que respalda la contratación de los otros proveedores del proyecto, que no han sido objeto de observación alguna.

Finalmente, y para completar mi confusión sobre la documentación existente, con posterioridad IBM Argentina presenta en el juzgado *cinco carpetas con documentación de auditoría sobre el Proyecto Centenario.*

Declaraciones de Gueiçamburu

En la presentación inicial del Presidente actual de IBM Argentina, éste habla sobre las maneras de cubrir emergencias y riesgos de un proyecto, informando que *la seleccionada por IBM Argentina fue un sistema temporal SBL.* Dice también que *no se puede cuestionar que la alternativa del SBL era técnicamente válida.*

Posteriormente Gueiçamburu presta declaración testimonial ampliando el detalle de sus opiniones sobre el manejo del proyecto, sin formular ninguna corrección a estas definiciones. Más de dos meses después presenta un escrito titulado "Precisiones", en el que se pretende aclarar definiciones hechas con absoluta claridad como las que se han reproducido textualmente. Dicen las "Precisiones": *"En compatible orden de ideas, colaciono que en la tercera página de aquel informe enviado a V.S. el 4/10/1995, argumenté, en torno de análogo asunto, que la seleccionada por IBM Argentina fue un sistema temporal SBL... Con posterioridad a la entrega del documento indicado, merced a aclaracio-*

nes verbales de algunos de los capacitados empleados de la filial local, me ha sido dado ampliar el conocimiento de los hechos, en términos que hoy me conducen a estimar que ***no fue IBM Argentina S.A. la que seleccionó el SBL, entendida ésta como organización empresaria afectada con su potencial humano y profesional a la elección de una alternativa****, sino que ese criterio decisorio se habría circunscripto al escalón de la Vicepresidencia de Operaciones...".*

Una vez más, en un tema de alta sensibilidad como éste, la declaración realizada voluntariamente por la máxima autoridad de la empresa, que según sus declaraciones fue llamado a Buenos Aires *para hacer un análisis gerencial del negocio,* se corrige a meses de realizada para exponer, en cuidadoso lenguaje jurídico que no le es propio, una *definición distinta, no más precisa,* de la que se brindó originalmente.

Sobre el conocimiento generalizado que existía del problema entre la IBM Corp. y Hogan Systems dice primero: *"...lo cual hizo que no necesitara verificar los problemas con Hogan* ***para que se justificara el SBL****".* Meses después, en sus precisiones dice: *"En cambio, advierto que la frase final de ese pasaje de mi declaración que reza: '...lo cual hizo que no necesitara verificar los problemas con Hogan* ***para que se justificara el SBL****' muéstrase pasible de alguna equivocidad conceptual, toda vez que para mí las recomendaciones de los Sres. LEW y KAISER* ***no indujeron a contratar un software alternativo, siquiera de uso temporario, sino que recalcaron la conveniencia de apelar a la búsqueda de recursos humanos alternativos****".*

El precio del proyecto

En una presentación firmada por Gueiçamburu a poco de asumir su nuevo cargo, él mismo dice que el precio cotizado *está en el piso inferior de la metodología de cálculo de la compañía.* Además, el documento de aprobación de la oferta por parte de IBM Latinoamérica dice explícitamente que el precio debe tener la aprobación de la Vicepresidencia de Finanzas de IBM Argentina, y de Finanzas de IBM Latinoamérica si fuera necesario.

El estudio de LOGICA Inc.

La consultora Deloitte presentó un estudio de consultoría realizado por la empresa LOGICA Inc., una de las pocas en el mundo con recursos preparados para la instalación del *software* de aplicación IBA de Hogan. Esta empresa, luego de estudiar el Proyecto Centenario, realizó un detallado y minucioso estudio sobre los rangos de precio internacional de cada uno de los componentes que se solicitaban, determinando que el precio cotizado debió estar entre 255 y 340 millones de dólares, tomando en cada caso los márgenes de variación extremos de cada rubro (mínimo y máximo).

En sus conclusiones indica que, teniendo en cuenta el estado de atraso tecnológico en que se encontraba el BNA en el año 1993, el precio debió estar más cerca del máximo que del mínimo, estimando que en el caso de haberse presentado a la licitación en cuestión, el precio de LOGICA Inc. hubiera sido de 329.000.000 de dólares.

Este dato no ha tenido la trascendencia pública de otros valores que se han manejado con mucha liviandad, a pesar de que LOGICA Inc. es la única empresa u organización de las que han opinado sobre la razonabilidad del precio. Una de las características esenciales para poder evaluar el precio de una oferta, que además de productos y servicios debe incluir un riesgo indeterminado, es la de estar dispuesto a llevar a cabo la tarea por el precio que se determina como lógico. Todo lo demás es un ejercicio teórico que puede discutirse por años sin llegar a ninguna conclusión válida.

Responsabilidad gerencial

Uno de los argumentos que más utilizan los que pretenden zafar de su participación en el manejo de la oferta y la contratación de los proveedores solidarios consiste en afirmar que como yo estaba presente en las reuniones donde se decidían cosas, y como yo firmé muchos de los documentos que instrumentan las decisiones tomadas, ellos dejan de tener responsabilidad alguna. Afortunadamente, este argumento no fue aceptado por el doctor Bagnasco en el caso de la línea gerencial que manejaba la relación con el cliente, pero se mantiene como el argumento fundamental que usa el resto de los departamentos actuantes para plantear su falta de involucración.

Yo siempre sostuve —y es la tradición organizativa de la empresa— que el proceso de autorización va de abajo hacia arriba. Los niveles inferiores, con un nivel técnico y específico superior y más actualizado, son los primeros en analizar esas decisiones. Cuando requieren una visión adicional a la puramente técnica, entran los sistemas gerenciales empresarios. En ningún caso, el hecho de que una decisión deba contar con una aprobación de nivel superior releva a los subordinados de su responsabilidad de llevar adelante la evaluación técnica de la misma, y es por eso que todos los procedimientos exigen su intervención previa a la del nivel superior.

Esta interpretación está avalada por IBM Argentina cuando, al presentar el documento de pedido de aprobación de la oferta a la Casa Matriz, dice: *"Cumple añadir que los ejecutivos de IBM Argentina SA, de figuración en el texto del relacionado instrumento, si bien concurrieron a aprobar su contenido, en rigor fueron auxiliados por el plantel profesional dependiente de cada uno de ellos".* Sin embargo, cuando opina acerca de la decisión de contratar el SBL a CCR, ignora todas las firmas que constan en los documentos que la instrumentan, y que certifican la participación de todos los niveles de análisis técnico que mandan los procedimientos, y concluye que ese criterio decisorio se habría circunscripto *"al escalón de la Vicepresidencia de Operaciones..."*

Gueiçamburu y mi derecho de defensa

Según sus propias declaraciones, Wilmer Gueiçamburu fue llamado a Buenos Aires para realizar un análisis gerencial del manejo del negocio con el BNA. Apenas llegado a Buenos Aires, se reunió con Martorana, con Orcoyen y con todos los que tenían relación con las acciones y decisiones relacionadas con el proyecto. Sin embargo, a pesar de haberse determinado finalmente que yo fui el principal responsable de no haber cumplido con los procedimientos internos de la empresa al decidir la contratación de CCR y del SBL, Gueiçamburu nunca se reunió conmigo para preguntarme si las cosas que los demás le decían eran ciertas.

A pesar de no haber tenido más contacto que un saludo formal el día de su llegada a Buenos Aires en la reunión general, Gueiçamburu no solamente participó de la condena interna a mi conducta, sino que desde entonces ha realizado innumerables declaraciones públicas en las que afirma mi responsabilidad exclusiva en diversos pasos de la negociación, en su opinión mal manejados.

El día 6 de octubre de 1995, por primera vez recibió a periodistas de *La Nación.* En sus declaraciones explica la diferencia entre mi despido y las renuncias de Martorana y Orcoyen: "El primero por acción, los otros por omisión". Ese mismo día envié una carta, de la que tengo firmada la recepción, donde le solicito que aclare el mensaje ya que su respuesta no refleja la realidad de lo ocurrido y afecta mi imagen personal y profesional en un medio público, y lo insto a no repetir situaciones similares en el futuro, ya que "me causan un irreparable daño".

"Me dirijo a Ud. en relación al artículo periodístico aparecido en el diario La Nación *—página 6 de la sección 2— donde se transcriben sus respuestas a un conjunto de preguntas formuladas por el periodista José Luis Olivero referidas al Proyecto Centenario.*

"En la última respuesta del artículo Ud. explica que la diferencia entre mi despido y la renuncia de los Sres. Ricardo Martorana y Javier Orcoyen fue 'El primero por acción, los otros por omisión'.

"Dado que el tema sobre el que transcurre el artículo se basa en la contratación realizada por IBM con la empresa CCR, se extrae de su respuesta que yo fui el único funcionario que realizó acciones en relación con dicha contratación y los pagos consecuentes.

"De la documentación obrante en IBM Argentina, por lo menos al 13/9/95, surge con clara evidencia que en el proceso de implementación de la Orden de Pedido (contratación) con la empresa CCR tomaron intervención diversas funciones internas de la Compañía incluyendo algunas que no están bajo la organización de la Vicepresidencia de Operaciones y que corresponden a otras áreas. De la misma manera todos los pagos realizados a CCR fueron aprobados y realizados por los departamentos internos que reportan a la Vicepresidencia de Finanzas.

"Es por estos motivos que considero que su respuesta no refleja la realidad de lo ocurrido y

afecta mi imagen personal y profesional en un medio público.

"Le solicito por este medio que aclare el mensaje transmitido por esa respuesta con el objeto de reflejar la realidad de los hechos, así como que se evite en el futuro repetir situaciones como la que motiva la presente por cuanto las mismas me están causando un grave error e irreparable daño."

Esta nota nunca fue contestada, y por lo tanto su contenido nunca fue desmentido.

El 24 de marzo de 1996 el mismo Gueiçamburu concedió una entrevista exclusiva a la revista *Noticias* en la que realizó declaraciones que yo consideré lesivas para mi persona. En este caso, y ante la falta de respuesta a mis anteriores reclamos, le envié una carta-documento que decía lo siguiente:

"Me dirijo a Ud. en relación con una entrevista aparecida en la revista Noticias *del 24 de cte., en la que Ud. aparece manifestando lo siguiente:*

"Gueiçamburu: ...IBM tiene un código de conducta ética, dice 'Los sobornos no se pueden hacer ni aceptar'.

"Noticias: ¿Por eso lo echaron a Soriani?

"Gueiçamburu: Sí, pero no comprobamos un acto ilícito...

"Noticias: ¿Cuáles fueron las normas operativas y gerenciales que Ricardo Martorana y Gustavo Soriani no cumplieron?

"Gueiçamburu: Tienen que ver con la adjudicación, implementación y supervisión del contrato con CCR, que eventualmente debía proveer una solución de software transitoria y por la cual IBM Argentina se comprometió a pagar a ese proveedor, independientemente de que el servicio se prestara.

"De esas afirmaciones surge, en principio, que el despido obedeció al pago de sobornos, aspecto falso sobre el cual la justicia penal está abocada a la investigación, y en segundo lugar, porque se me imputa el incumplimiento de normas de

la empresa, cuando en realidad en la contratación intervinieron todos los sectores de IBM que correspondían.

"Atento a que estas dos acusaciones sin pruebas me causan un perjuicio personal, familiar y profesional, INTIMOLE para que en el plazo de 48 hs. ratifique o rectifique sus expresiones reservándome el derecho de iniciar acciones penales y civiles en caso de negativa o silencio.

"Colaciónese.

"GUSTAVO SORIANI CIPF 5.682.246"

Esta vez no era posible el silencio, pero la estrategia fue parecida:

"En respuesta a su carta-documento emitida el 27 de marzo de 1996, referida a conceptos publicados por el semanario Noticias *correspondiente al domingo 24 de marzo del año en curso, he de formular a continuación específicas precisiones dilucidatorias. El objeto del reportaje —inscripto en el minúsculo género de los que he aceptado a lo largo de la situación de pública trascendencia— se centró en el propósito principal, esencialmente excluyente, de proteger los altos intereses institucionales y comerciales de IBM ante la persistente sucesión de innobles especulaciones aptas para agraviar el crédito de la compañía y el prestigio de sus empleados. En ningún caso, categóricamente lo afirmo, ha anidado en mi voluntad prodigar nociones que afectasen o menoscabaren la honra o reputación de terceros. Sentada esta premisa fundamental, cumple ahora incursionar en el párrafo transcripto de manera incompleta en la carta documento que aquí respondo.*

"Explicitada que fuera la idea atinente a que IBM tiene un código de conducta ética que están obligados a respetar desde sus máximos directivos hasta el último empleado. En ese código se dice Los sobornos no se pueden hacer ni aceptar. Este es el mandato que tenemos todos los empleados de IBM,

cumplir con la ética de la empresa y con las leyes del país. Ahora, si el empleado no está cumpliendo ese mandato lo echamos. Y si no cumple con las leyes del país, será la Justicia la encargada de determinarlo; los periodistas me preguntaron si '¿Por eso echaron a Soriani?'.

"En la dinámica del diálogo, sin avanzar directamente sobre la contestación, expresé a mis encuestadores que comprendía el sentido de la pregunta con un 'sí', voz trasuntante de que había escuchado el interrogatorio, mas no asociada a la admisibilidad de que la encuesta efectuada a su respecto debiera vincularse con el pasaje precedente. De ello persuade la frase inmediatamente posterior: 'pero no comprobamos un acto ilícito', que enfoca el asunto desde un prisma diferente al propuesto por mis contertulios y aventa la ligazón sugerida.

"Debe quedar esclarecido —entonces— que ninguna de mis declaraciones en la nota relacionada han de ser concebidas con virtualidad ni designio de lesionar el bien jurídico del honor, de que usted gozare.

"En rumbo análogo, el incumplimiento de normas operativas y gerenciales, recordado en su carta-documento, hállase sujeto a las investigaciones actualmente en desarrollo..."

Tal como se lo anunciara en mi carta, inicié una querella por injuria o calumnia equívoca o encubierta, que a la fecha está en trámite.

De acuerdo a lo que argumentara el doctor Tarrío, mi abogado penalista, en la presentación que efectuamos, esta confusa redacción, utilizando palabras arcaicas o prácticamente sin uso en nuestro lenguaje tanto popular como científico, esconde, sin dudas, una decisión de no responder claramente a la requisitoria de mi carta documento y continuar con la línea de acusación encubierta en relación con mi apartamiento de la firma.

La explicación de Gueiçamburu es infantil e inaceptable cuando dice que, al responder a la pregunta sobre si me habían echado de la firma por pagar o aceptar sobornos, afirmó que "sí" sólo refiriéndose a que había entendido la pregunta. Su intento de salir del paso carece de sentido lógico y aparece como un vano intento de ocultar su conducta.

Por otra parte, de la última frase reproducida de su carta-documento se entiende que el incumplimiento de normas operativas y gerenciales todavía, el 27 de marzo de 1996, está sujeto a las investigaciones actualmente en desarrollo. ¿No era éste el motivo de mi despido? ¿No había declarado en el juzgado que "De la evaluación efectuada por el dicente, surgieron claros errores en decisiones gerenciales..."?

Diversidad de criterios

En la resolución que dicta los autos de procesamiento, el señor juez dice sobre la responsabilidad del Directorio del Banco Nación que "*en el resto del directorio, la cuestión presenta particulares características. En efecto, se advierte claramente que no han tenido en manera alguna el mismo grado de participación que cupiere a los nombrados en el párrafo precedente, mas su intervención fue condición necesaria para que los hechos objeto de investigación pudieran concretarse. Ninguno de ellos formuló objeción alguna. Ninguno de ellos se preocupó especialmente por el tema, aun cuando resultaba claro que era uno de los más importantes en la realidad del banco, sino el fundamental*".

En mis largas horas de cavilaciones, hice el ejercicio de aplicar este mismo principio a los profesionales locales e internacionales intervinientes en los diferentes pasos de aprobación de la oferta. Con el mismo criterio se podría decir: "En el resto de los profesionales de IBM intervinientes, la cuestión presenta similares características. En efecto, se aprecia que no han tenido en manera alguna el mismo grado de participación que cupiere a los nombrados en el párrafo precedente, mas su intervención fue condición necesaria para que los hechos objeto de investigación pudieran concretarse. Ninguno de ellos formuló objeción alguna. Ninguno de ellos se preocupó especialmente por el tema, aun cuando resultaba claro que era uno de los más importantes en la realidad de la empresa, sino el fundamental. Ninguno se preocupó por los costos del proyecto. Todos aceptaron sin más las decisiones, según ellos mismos admiten".

Todavía no he encontrado la razón de la disparidad de criterio aplicada, que me hace aparecer como único y arbitrario responsable. La mayoría de los "profesionales intervinientes" sólo ha prestado declaración testimonial, y en casi todos los casos han descargado sus responsabilidades sobre mí. El caso extremo es el de Steve Lew, quien a pesar de haber participado desde Buenos Aires en la preparación de la propuesta y haber realizado por lo menos dos visitas adicionales a esta ciudad para realizar una revisión del estado de avance del proyecto antes de septiembre de 1995, no ha vuelto a visitar la Argentina a pesar de las citaciones del señor juez de la causa. Solamente accedió a presentarse ante un escribano en la ciudad de México, ante quien declaró que en todo momento desconoció la existencia de CCR en la propuesta de IBM. Yo estuve más de veinte horas frente al juez y los fiscales.

El abogado de Murman y Salamanca plantea una serie de preguntas que solicita se le formulen a Juan Carlos Martínez y a Oscar Sant Ambrosio. Estos, ansiosos por responder, no esperan el llamado del juez, y el abogado de IBM presenta en la causa un documento firmado por ambos gerentes que dice: *"El Ing. Soriani nos manifestó personalmente que la contratación de los socios solidarios, en par-*

ticular CCR, fue decidida por él. Y que también fue él quien acordó los términos y condiciones de la misma".

Ambos ya habían presentado escritos en la causa y habían declarado como testigos, pero ante la necesidad de reforzar las argumentaciones de un compañero de trabajo, parecieran ir recordando con más y más precisión ciertos detalles. Murman, Salamanca, Martínez y Sant Ambrosio siguen trabajando para La Corporación.

Indice

Esta edición
se terminó de imprimir en
Cosmos Offset S.R.L.
Coronel García 444, Avellaneda,
en el mes de setiembre de 1996.